박문각

KB123854

박문각
공인중개사

박희용
부동산공법

파이널 패스

핵심이론과 함께하는

CONTENTS

01 책의 차례

chapter 01 국토의 계획 및 이용에 관한 법률 · · · · 6

01 국토계획법의 용어 · · · · 6

02 도시·군관리계획의 내용 · · · · 6

03 광역도시계획 · · · · 7

04 도시·군기본계획 · · · · 8

05 도시·군관리계획 수립권자 · · · · 9

06 도시·군관리계획 수립절차 · · · · 10

07 공간재구조화계획 · · · · 11

08 용도지역의 지정 · · · · 12

09 용도지역의 행위제한 · · · · 13

10 용도지구 · · · · 14

11 도시혁신구역 및 복합용도구역 · · · · 15

12 도시·군계획시설입체복합구역 · · · · 16

13 도시·군계획시설사업 · · · · 16

14 장기미집행 시설에 대한 조치 · · · · 17

15 지구단위계획구역의 지정 · · · · 18

16 개발행위허가의 대상 · · · · 19

17 개발행위허가의 제한 · · · · 20

18 공공시설의 귀속 · · · · 21

19 성장관리계획 · · · · 21

20 개발밀도관리구역과 기반시설부담구역 · · · · 22

chapter 02 도시개발법 · · · · 24

21 개발계획 · · · · 24

22 도시개발구역의 지정권자 · · · · 24

23 도시개발구역의 지정기준 · · · · 25

24 도시개발구역의 해제 · · · · 25

25 도시개발사업의 시행자 · · · · 26

26 도시개발조합 · · · · 27

27 도시개발조합의 대의원회 · · · · 27

28 도시개발사업의 시행방식 · · · · 28

29 수용·사용방식의 사업시행 · · · · 28

30 원형지의 공급 · · · · 29

31 조성토지의 공급 · · · · 30

32 환지처분 · · · · 30

33 도시개발채권 · · · · 31

chapter 03 도시 및 주거환경정비법 · · · · 34

34 정비법의 용어 · · · · 34

35 정비기본계획 · · · · 35

36 정비구역 안에서 행위제한 · · · · 35

37 정비구역 등의 해제 · · · · 36

38 재건축사업의 안전진단 · · · · 36

39 정비사업의 시행방법 · · · · 37

40 정비사업의 시행자 · · · · 37

41 시공자 선정 · · · · 38

42 정비사업조합의 임원, 대의원회 · · · · 38

43 정비사업조합의 설립 – 동의 · · · · 39

44 정비사업 – 사업시행조치 · · · · 39

45 분양공고·통지 및 분양신청 · · · · 40

46 관리처분계획의 기준 · · · · 40

47 청산금 · · · · 41

이 책의 차례

chapter 04 건축법 · · · · 44

48 건축법의 용어 · · · · 44

49 건축 · · · · 45

50 대수선 · · · · 45

51 용도변경 · · · · 46

52 사전결정 · · · · 46

53 건축허가 · · · · 47

54 건축신고 · · · · 48

55 가설건축물 · · · · 48

56 사용승인 · · · · 49

57 대지의 조경 · · · · 49

58 공개공지 · · · · 50

59 도로 · · · · 50

60 건축선 · · · · 51

61 면적산정 · · · · 51

62 높이·층수 산정 · · · · 52

63 건축물의 높이제한 · · · · 52

64 이행강제금 · · · · 53

chapter 05 주택법 · · · · 56

65 주택 · · · · 56

66 세대구분형 공동주택 · · · · 56

67 도시형 생활주택 · · · · 57

68 주택조합의 설립 · · · · 57

69 주택조합의 조합원 등 · · · · 58

70 조합원의 교체 및 신규가입 · · · · 58

71 사업계획승인 · · · · 59

72 공사착수 · · · · 60

73 주택건설대지의 확보 · · · · 60

74 매도청구 · · · · 61

75 사용검사 · · · · 61

76 주택의 공급 · · · · 62

77 분양가상한제 적용지역 · · · · 62

78 전매제한 · · · · 63

79 저당권설정 등의 제한 · · · · 63

80 공급질서교란행위의 금지 · · · · 64

81 주택상환사채 · · · · 64

chapter 06 농지법 · · · · 66

82 농지법의 용어 · · · · 66

83 농지취득자격증명 · · · · 66

84 농지의 처분의무 · · · · 67

85 대리경작제도와 임대차 · · · · 67

86 위탁경영 · · · · 68

chapter 07 복습문제 · · · · 70

01 복습문제 · · · · 70

02 복습문제 · · · · 96

정답 · · · · 121

국토의 계획 및 이용에 관한 법률

1 핵심논점 ▶ 국토계획법의 용어

1. 광역도시계획 : **광역계획권의 장기발전방향**
2. 도시·군계획 : 특별시·광역시·시·군의 공간구조와 발전방향, **도시·군기본계획 + 도시·군관리계획**
3. 도시·군기본계획 : 특별시·광역시·시·군의 기본적인 공간구조와 장기발전방향을 제시, 종합계획
4. 지구단위계획 : 도시·군계획 수립대상지역의 **일부**
5. 국가계획 : 도시·군기본계획사항을 포함하거나, 도시·군관리계획으로 결정할 사항이 포함된 계획
6. 공간재구조화계획 : 토지이용 등을 **완화하는 용도구역**의 관리를 위해 수립
7. 도시·군계획시설 : 기반시설 중 **도시·군관리계획으로 결정**된 시설
8. 도시·군계획시설사업 : **도시·군계획시설**을 설치·정비 또는 개량하는 사업
9. 도시·군계획사업 : **도시·군계획시설사업, 도시개발사업, 정비사업**
10. 개발밀도관리구역 : 기반시설 설치가 **곤란**, 건폐율·용적률을 **강화**
11. 기반시설부담구역 : 개발밀도관리구역 **외의** 지역, 기반시설 설치 및 용지를 확보하게 하기 위하여 지정

01 국토의 계획 및 이용에 관한 법률의 내용으로 옳은 것은?

① 도시·군계획은 특별시·광역시·특별자치시·특별자치도·시 또는 광역시 관할 구역 안의 군에 대하여 수립하는 공간구조와 발전방향에 대한 계획이다.

② 지구단위계획은 도시·군계획 수립대상지역 전부에 대하여 수립한다.

③ 기반시설부담구역은 개발밀도관리구역 외의 지역으로서 개발로 인하여 도로, 공원 등의 기반시설의 설치가 필요한 지역을 대상으로 기반시설을 설치하거나 그에 필요한 용지를 확보하게 하기 위하여 지정한다.

④ 국가계획은 중앙행정기관의 장에 의해 수립되는 토지계획으로 도시·군관리계획으로 결정하여야 할 사항이 포함되지 아니한 계획이다.

⑤ 도시·군계획시설사업이란 기반시설을 설치·정비 또는 개량하는 사업을 말한다.

[정답] ③

2 핵심논점 ▶ 도시·군관리계획의 내용

1. 용도지역·용도지구의 지정·변경에 관한 계획
   - 도시지역의 지정(○), 녹지지역을 주거지역으로 변경(○)
   - 경관지구의 지정(○), 고도지구의 지정(○)
   - 용도지역·용도지구의 세분(○)
   - 택지개발지구(×), 투기과열지구(×)
   - 용도지역·지구·구역의 **행위제한**(×)
   - 고도지구의 높이제한(○)
2. 개발제한구역, 도시자연공원구역, 수산자원보호구역, 시가화조정구역의 지정·변경에 관한 계획
   - **개발밀도관리구역**(×), **기반시설부담구역**(×), 특별건축구역(×)
   - 시가화유보기간(○)
3. 기반시설의 설치·정비·개량에 관한 계획
   - 단계별집행계획(×), 하천의 정비에 관한 계획(○)
4. 도시개발사업이나 정비사업에 관한 계획
   - 도시개발구역에서 유통단지를 조성하는 사업에 관한 계획(○)
   - 주거환경개선사업·재개발사업·재건축사업에 관한 계획(○)
5. 지구단위계획구역의 지정·변경에 관한 계획과 지구단위계획
6. 도시혁신구역의 지정 또는 변경에 관한 계획과 도시혁신계획
7. 복합용도구역의 지정 또는 변경에 관한 계획과 복합용도계획
   - 도시혁신구역·복합용도구역의 행위제한(○)
8. 도시·군계획시설입체복합구역의 지정 또는 변경에 관한 계획

cf. 광역계획권(×), **성장관리계획**(×), 개발행위허가제한(×)

02 국토의 계획 및 이용에 관한 법령상 도시·군관리계획으로 결정하여야 할 사항이 아닌 것은?

① 개발제한구역 안에서의 집단취락지구의 지정
② 고도지구 안에서의 건축물의 최고 높이
③ 용도지역 안에서의 건축제한
④ 지구단위계획구역의 지정
⑤ 생산녹지지역을 자연녹지지역으로 변경 지정

[정답] ③

3 핵심논점 ▶ 광역도시계획

1. 수립권자

(1) 광역계획권의 지정

① 같은 도 : 도지사
② 둘 이상의 시·도 : 국토교통부장관

(2) 광역도시계획 수립

① 원칙 : 국토교통부장관, 시·도지사, 시장·군수
　㉠ 같은 도 : 시장·군수 공동
　㉡ 둘 이상의 시·도 : 시·도지사 공동
　㉢ 3년 내 시장·군수의 승인신청 × : 도지사
　㉣ 3년 내 시·도지사의 승인신청 × : 국토교통부장관
② 예외적 공동수립
　㉠ 국토교통부장관 + 시·도지사
　㉡ 도지사 + 시장·군수

(3) 광역도시계획의 승인

① 시·도지사 : 국토교통부장관의 승인
② 시장·군수 : 도지사의 승인

(4) 광역도시계획의 조정 : 협의가 성립되지 않는 경우

① 시·도지사 : 국토교통부장관에게 조정 신청
② 시장·군수 : 도지사에게 조정 신청

2. 수립·승인 절차

① 수립 : 기초조사(의무) - 공청회 - 의회의견
　○ 공청회 : 14일 전 공고, 지명하는 사람이 주재
　○ 시·도, 시·군의 의회와 시장·군수의 의견 : 30일 내 의견제시
② 승인 : 협의(30일 내 의견제시) - 심의
③ 서류송부 - 공고·열람(30일 이상)
　○ 국토교통부장관은 시·도지사에게 도지사는 시장·군수에게 관계 서류를 송부

03 국토의 계획 및 이용에 관한 법령상 광역도시계획에 관한 설명으로 옳은 것은?

① 광역계획권이 둘 이상의 시·도의 관할 구역에 걸쳐 있는 경우에는 관할 시·도지사가 공동으로 광역도시계획을 수립한다.
② 광역계획권을 지정한 날부터 2년이 지날 때까지 관할 시·도지사로부터 광역도시계획의 승인 신청이 없는 경우에는 국토교통부장관이 광역도시계획을 수립한다.
③ 중앙행정기관의 장, 시·도지사, 시장 또는 군수는 국토교통부장관이나 도지사에게 광역계획권의 지정 또는 변경을 요청할 수 없다.
④ 도지사가 시장 또는 군수의 요청에 의하여 관할 시장 또는 군수와 공동으로 광역도시계획을 수립하는 경우에는 국토교통부장관의 승인을 받아야 한다.
⑤ 국토교통부장관, 시·도지사, 시장 또는 군수가 기초조사정보체계를 구축한 경우에는 등록된 정보의 현황을 3년마다 확인하고 변동사항을 반영하여야 한다.

[정답] ①

04 국토의 계획 및 이용에 관한 법령상 광역계획권에 관한 설명으로 옳은 것은?

① 광역계획권이 둘 이상의 도의 관할 구역에 걸쳐 있는 경우, 해당 도지사들은 공동으로 광역계획권을 지정하여야 한다.

② 광역계획권이 하나의 도의 관할 구역에 속하여 있는 경우, 도지사는 국토교통부장관과 공동으로 광역계획권을 지정 또는 변경하여야 한다.

③ 도지사가 광역계획권을 지정하려면 관계 중앙행정기관의 장의 의견을 들은 후 중앙도시계획위원회의 심의를 거쳐야 한다.

④ 국토교통부장관이 광역계획권을 변경하려면 관계 시·도지사, 시장 또는 군수의 의견을 들은 후 지방도시계획위원회의 심의를 거쳐야 한다.

⑤ 중앙행정기관의 장, 시·도지사, 시장 또는 군수는 국토교통부장관이나 도지사에게 광역계획권의 지정 또는 변경을 요청할 수 있다.

[정답] ⑤

4 핵심논점 도시·군기본계획

(1) **수립권자**: **특별시장·광역시장·시장·군수**

(2) **승인권자**: 시장·군수 ⇨ 도지사의 승인

    – **특별시장·광역시장**이 도시·군기본계획을 수립하는 경우 **승인을 받지 아니한다.**

(3) **수립의 예외**: 수립하지 아니할 수 있다.

   ① 수도권 외, 광역시에 접하지 않은 **10만 명** 이하 시·군

   ② 관할구역 **전부**에 수립된 **광역도시계획**에 도시·군기본계획 내용이 **모두** 포함되어 있는 시·군

(4) **수립·승인 절차**

   ① 수립: 기초조사(의무) – 공청회 – 의회의견

     ○ 기초조사에 **토지적성평가, 재해취약성분석** 포함(5년 내 실시한 경우 – 포함하지 **아니할 수 있다**)

     ○ 특별시·광역시·시·군의 의회: 30일 내 의견제시

   ② 승인·확정: 협의(30일 내 의견제시) – 심의

   ③ 서류송부 – 공고·열람(30일 이상)

(5) **타당성검토**: 5년마다

(6) **생활권계획 수립**: 도시·군기본계획이 수립된 것으로 본다.

05 국토의 계획 및 이용에 관한 법령상 도시·군기본계획에 관한 설명으로 옳은 것은?

① 시장·군수는 관할구역에 대해서만 도시·군기본계획을 수립할 수 있으며, 인접한 시 또는 군의 관할 구역을 포함하여 계획을 수립할 수 없다.

② 도시·군기본계획의 내용이 광역도시계획의 내용과 다를 때에는 국토교통부장관이 결정하는 바에 따른다.

③ 수도권정비계획법에 의한 수도권에 속하지 아니하고 광역시와 경계를 같이하지 아니한 인구 7만 명의 군은 도시·군기본계획을 수립하지 아니할 수 있다.

④ 도시·군기본계획을 변경하는 경우에는 공청회를 개최하지 아니할 수 있다.

⑤ 광역시장이 도시·군기본계획을 수립하려면 국토교통부장관의 승인을 받아야 한다.

[정답] ③

06 국토의 계획 및 이용에 관한 법령상 도시·군기본계획에 관한 설명으로 옳은 것은?

① 특별시장·광역시장·특별자치시장·도지사·특별자치도지사는 관할 구역에 대하여 도시·군기본계획을 수립하여야 한다.

② 시장 또는 군수가 도시·군기본계획을 변경하려면 지방의회의 승인을 받아야 한다.

③ 도시·군기본계획을 변경하기 위하여 공청회를 개최한 경우, 공청회에서 제시된 의견이 타당하다고 인정하더라도 도시·군기본계획에 반영하지 않을 수 있다.

④ 도시·군기본계획 입안일부터 5년 이내에 토지적성평가를 실시한 경우에는 도시·군기본계획의 수립을 위한 기초조사의 내용에 포함되어야 하는 토지적성평가를 하지 아니할 수 있다.

⑤ 도지사는 시장 또는 군수가 수립한 도시·군기본계획에 대하여 관계 행정기관의 장과 협의하였다면, 지방도시계획위원회의 심의를 거치지 아니하고 승인할 수 있다.

[정답] ④

(1) 입안권자

① **원칙**: 특별시장 · 광역시장 · 시장 · 군수

② **예외**: 국토교통부장관(수산자원보호구역은 해양수산부장관), 도지사

(2) 결정권자

① **원칙**: 시 · 도지사, 대도시 시장

② **시장 · 군수의 결정**: 지구단위계획(구역), 지구단위계획으로 대체하는 용도지구

③ **국토교통부장관의 결정**

　㉠ **개발제한구역의 지정 · 변경**

　㉡ **국토교통부장관이 입안한 도시 · 군관리계획**

　㉢ **국가계획과 연계된 시가화조정구역**

④ **해양수산부장관의 결정**: 수산자원보호구역

(3) 입안의 제안

① **제안자**: 주민 또는 이해관계자

② **제안사항 및 토지소유자의 동의**

㉠ **기반시설의 설치 · 정비 또는 개량**	5분의 4
㉡ **지구단위계획(구역)**	
㉢ 지구단위계획으로 대체하는 용도지구	3분의 2
㉣ **개발진흥지구 – 공업 · 유통 기능 중심 ⇨ 산업 · 유통개발진흥지구**	
㉤ 도시 · 군계획시설입체복합구역	5분의 4

🔒 산업 · 유통개발진흥지구의 제안 요건

　○ 면적은 1만m² 이상 3만m² 미만일 것

　○ 자연녹지지역 · 계획관리지역 · 생산관리지역일 것

　○ 계획관리지역의 비율이 100분의 50 이상일 것

③ 제안서에 도시 · 군관리계획도서, 계획설명서를 첨부

④ 반영여부의 통보: 45일, 1회에 한하여 30일 연장

⑤ 도시계획위원회의 자문: 거칠 수 있다.

⑥ 입안 · 결정 비용: 제안자에게 부담**시킬 수 있다.**

07 국토의 계획 및 이용에 관한 법령상 도시 · 군관리계획에 관한 설명으로 옳은 것은?

① 도시 · 군관리계획 결정의 효력은 지형도면을 고시한 날의 다음 날부터 발생한다.

② 시 · 도지사는 국토교통부장관이 입안하여 결정한 도시 · 군관리계획을 변경하려면 미리 환경부장관과 협의하여야 한다.

③ 개발제한구역의 지정 및 변경에 관한 도시 · 군관리계획은 국토교통부장관이 결정한다.

④ 도시 · 군관리계획도서 및 계획설명서의 작성기준 · 작성방법 등은 조례로 정한다.

⑤ 도지사가 도시 · 군관리계획을 직접 입안하는 경우 지형도면을 작성할 수 없다.

[정답] ③

08 국토의 계획 및 이용에 관한 법령상 도시 · 군관리계획의 입안에 관한 설명으로 틀린 것은?

① 주민은 개발제한구역의 변경에 대하여 입안권자에게 도시 · 군관리계획의 입안을 제안할 수 있다.

② 주민이 산업 · 유통개발진흥지구의 지정을 제안하는 경우 그 지정 대상 지역의 면적은 1만제곱미터 이상 3만제곱미터 미만이어야 한다.

③ 도시 · 군관리계획 입안을 제안받은 입안권자는 부득이한 사정이 있는 경우를 제외하고는 제안일부터 45일 이내에 그 제안의 반영여부를 제안자에게 통보하여야 한다.

④ 도시 · 군관리계획 입안을 제안받은 입안권자는 제안자와 협의하여 제안된 도시 · 군관리계획의 입안 등에 필요한 비용의 전부 또는 일부를 제안자에게 부담시킬 수 있다.

⑤ 기반시설의 설치에 관한 도시 · 군관리계획의 입안을 제안하려면 그 제안의 대상이 되는 토지 면적의 5분의 4 이상의 토지소유자의 동의를 받아야 한다.

[정답] ①

(1) **입안**: 기초조사 – 주민의견 – 의회의견

  ① 기초조사(하여야 한다): **환경성 검토, 토지적성평가, 재해취약성분석을 포함**

    – 도심지에 위치, 나대지 없는 경우 ⇨ 아니할 수 있다.

  ② 주민의견: 공고(2 이상 신문)·열람(14일) – 의견제출(열람기간 내) – 통보 (60일 내)

  ③ 의회의견(용도지역·지구·구역, 기반시설)

(2) **결정**: 협의 – 심의 – 고시 · 열람

  ① 협의: 관계 행정기관, 30일 내 의견제시

  ② 심의: 도시계획위원회 심의

    – 지구단위계획: 건축위원회와 도시계획위원회가 공동심의

  ③ 고시 – 송부(특·광·시·군에게) – 열람

[도시 · 군관리계획의 효력]

(1) **효력발생시기**: **지형도면을 고시한 날부터 발생**

(2) **기득권보호**: 결정 **당시** 이미 사업·공사에 **착수**

  ① 원칙: 계획 결정에 **관계없이** 사업·공사를 계속

  ② 예외: **시가화조정구역·수산자원보호구역** ⇨ **3개월** 이내에 **신고**

(3) **지형도면의 작성 · 고시**

  ① 작성자

    ㉠ 원칙: 특별시장·광역시장·시장·군수

    ㉡ 예외: 국토교통부장관(수산자원보호구역은 해양수산부장관), 도지사

  ② 승인: 시장(대도시 시장 제외)·군수 ⇨ 도지사

    – **지구단위계획: 승인을 받지 아니한다.**

(4) **타당성검토**: 5년마다

---

09 국토의 계획 및 이용에 관한 법령상 도시 · 군관리계획에 관련된 내용 중 옳은 것은?

① 시장·군수는 인접한 시·군의 전부를 포함하여 도시·군관리계획을 입안할 수는 없다.

② 도시·군관리계획 입안일부터 10년 이내에 재해취약성분석을 실시한 경우에는 재해취약성분석을 실시하지 아니할 수 있다.

③ 시장·군수가 지구단위계획구역의 지정에 관한 도시·군관리계획을 입안한 경우 도지사에게 그 도시·군관리계획의 결정을 신청하여야 한다.

④ 도시·군관리계획결정 당시 이미 사업에 착수한 자는 도시·군관리계획 결정의 고시일부터 30일 이내에 그 사업의 내용을 신고하고 계속할 수 있다.

⑤ 시·도지사는 개발제한구역이 해제되는 지역에 대하여 해제 이후 최초로 결정되는 도시·군관리계획을 결정하려면 미리 국토교통부장관과 협의하여야 한다.

[정답] ⑤

10 국토의 계획 및 이용에 관한 법령상 지형도면의 작성에 관한 설명으로 틀린 것은?

① 지형도면은 특별시장·광역시장·특별자치시장·특별자치도지사·시장·군수가 작성하여야 하는 것이 원칙이다.

② 도시·군관리계획결정은 지형도면을 고시한 날부터 그 효력이 발생한다.

③ 시장·군수가 지구단위계획에 관한 지형도면을 작성한 경우 도지사의 승인을 받아야 한다.

④ 대도시 시장이 지형도면을 작성한 경우 도지사의 승인을 받을 필요가 없다.

⑤ 지형도면의 승인신청을 받은 도지사는 그 지형도면과 결정 고시된 도시·군·관리계획을 대조하여 착오가 없다고 인정되는 때에는 30일 내에 그 지형도면을 승인하여야 한다.

[정답] ③

1. 목적 : 다음의 용도구역 지정 및 구역에 대한 계획의 수립

① **도시혁신구역** 및 도시혁신계획

② **복합용도구역** 및 복합용도계획

③ ① 또는 ②와 함께 지정하는 도시·군계획시설입체복합구역

2. 공간재구조화계획의 입안 및 결정

(1) 입안권자

① 원칙 : 특별시장·광역시장·시장·군수

② 예외 : 국토교통부장관, 도지사

(2) 결정권자

① 원칙 : **시·도지사**

② 예외 : **국토교통부장관**

(3) 공간재구조화계획 입안의 제안

① 제안자 : 주민 또는 이해관계자

② 제안사항 및 동의

㉠ **도시혁신구역**의 지정	3분의 2
㉡ **복합용도구역**의 지정	
㉢ 도시·군계획시설입체복합구역의 지정(㉠ 또는 ㉡과 함께 지정하는 경우에 한함)	5분의 4

③ 제안서에 공간재구조화계획도서와 계획설명서를 첨부

④ **제3자 제안을 위한 공고 : 국유재산·공유재산**이 공간재구조화계획으로 지정된 용도구역 내에(면적 100분의 50을 초과하여) 포함된 경우
　－ 90일 이상의 기간을 정하여 제안 내용의 개요를 공고

⑤ 반영여부의 통보 : 45일, 1회에 한하여 30일 연장

⑥ 도시계획위원회의 자문 : 거칠 수 있다.

⑦ 입안·결정 비용 : 제안자 또는 제3자에게 부담**시킬 수 있다.**

(4) 입안·결정 절차

① 입안 : 기초조사 － 주민의견 － 의회의견

　🔒 기초조사, 환경성 검토, 토지적성평가 또는 재해취약성분석의 **생략 : 5년 이내** 기초조사를 **실시**한 경우

② 결정 : 협의 － 심의 － 고시 － 송부(특·광·시·군에게) － 열람

　㉠ 협의 : 30일(도시혁신구역은 10일) 이내에 의견을 제시

　㉡ 중앙도시계획위원회의 심의사항 : 용도구역 지정 및 입지 타당성

3. 공간재구조화계획 결정의 효력

(1) 효력발생시기 : **지형도면을 고시한 날부터** 발생한다.

(2) 도시·군관리계획 의제

① **도시·군기본계획**의 수립·변경(인구배분은 5% 미만의 변경에 한함)과 **도시·군관리계획**의 결정·고시를 한 것으로 **본다.**

② 고시된 공간재구조화계획의 내용은 **도시·군계획으로 관리**

(3) **기득권보호** : 지형도면 고시를 할 **당시**에 이미 사업이나 공사에 **착수**한 자는 그 공간재구조화계획 결정과 **관계없이** 그 사업이나 공사를 계속할 수 있다.

---

11 **국토의 계획 및 이용에 관한 법령상 공간재구조화계획에 관한 설명으로 옳은 것은?**

① 공간재구조화계획은 시·도지사 또는 대도시 시장이 결정한다.

② 주민은 도시혁신구역의 지정을 위하여 공간재구조화계획의 입안권자에게 공간재구조화계획의 입안을 제안할 수 있다.

③ 시·도지사가 공간재구조화계획을 결정하려면 용도구역의 지정 및 입지 타당성에 관한 사항에 대하여 지방도시계획위원회의 심의를 거쳐야 한다.

④ 공간재구조화계획 결정의 효력은 지형도면을 고시한 날의 다음 날부터 발생한다.

⑤ 고시된 공간재구조화계획의 내용은 광역도시계획으로 관리하여야 한다.

[정답] ②

1. 용도지역의 지정

① 국토교통부장관, 시·도지사 또는 대도시 시장이 도시·군관리계획으로 결정

② 조례에 따른 용도지역의 추가세분: 주거지역·상업지역·공업지역·녹지지역

2. 용도지역의 지정특례

① 공유수면매립지(바다): 매립목적이 이웃한 용도지역의 내용과 **같으면** ⇨ 이웃한 용도지역으로 지정된 것으로 **본다.**

② 도시지역 지정의제: 결정·고시된 것으로 본다.

   ㉠ **항만구역**으로서 **도시지역에 연접**된 공유수면

   ㉡ **어항구역**으로서 **도시지역에 연접**된 공유수면

   ㉢ **국가산업단지, 일반산업단지, 도시첨단**산업단지

   ㉣ 택지개발지구

   ㉤ 전원개발사업구역 및 예정구역(**수력발전소, 송·변전설비**만 설치하는 경우 **제외**)

③ 관리지역 특례(결정·고시된 것으로 본다)

   ㉠ 관리지역에서 농업진흥지역 ⇨ 농림지역으로

   ㉡ 관리지역의 보전산지 ⇨ 농림지역 또는 자연환경보전지역으로

---

12 국토의 계획 및 이용에 관한 법령상 시·도지사 또는 대도시 시장이 해당 시·도 또는 대도시의 도시·군계획조례로 정하는 바에 따라 도시·군관리계획결정으로 추가적으로 세분하여 지정할 수 있는 용도지역이 아닌 것은?

① 주거지역　　　　　② 상업지역　　　　　③ 공업지역

④ 녹지지역　　　　　⑤ 관리지역

[정답] ⑤

13 국토의 계획 및 이용에 관한 법령상 용도지역 지정의 특례에 관한 내용으로 옳은 것은?

① 공유수면의 매립목적이 그 매립구역과 이웃하고 있는 용도지역의 내용과 같으면 도시·군관리계획의 결정에 따라 지정하여야 한다.

② 「택지개발촉진법」에 따른 택지개발지구로 지정·고시된 지역은 도시지역에 연접한 경우에 한하여 도시지역으로 결정·고시된 것으로 본다.

③ 「산업입지 및 개발에 관한 법률」에 따른 도시첨단산업단지로 지정·고시된 지역은 도시지역으로 결정·고시된 것으로 본다.

④ 자연환경보전지역에서 「농지법」에 따른 농업진흥지역으로 지정·고시된 지역은 농림지역으로 결정·고시된 것으로 본다.

⑤ 관리지역의 산림 중 「산지관리법」에 따라 보전산지로 지정·고시된 지역은 자연환경보전지역으로 결정·고시된 것으로 본다.

[정답] ③

1. 용도지역별 건폐율과 용적률

용도지역				건폐율(이하)	용적률(이하)
도시지역	주거지역	전용 주거지역	제1종	50%	100%
			제2종	50%	150%
		일반 주거지역	제1종	60%	200%
			제2종	60%	250%
			제3종	50%	300%
		준주거지역		70%	500%
	상업지역	중심상업지역		90%	1,500%
		일반상업지역		80%	1,300%
		근린상업지역		70%	900%
		유통상업지역		80%	1,100%
	공업지역	전용공업지역		70%	300%
		일반공업지역		70%	350%
		준공업지역		70%	400%
	녹지지역	보전녹지지역		20%	80%
		생산녹지지역		20%	100%
		자연녹지지역		20%	100%
관리지역		보전관리지역		20%	80%
		생산관리지역		20%	80%
		계획관리지역		40%	100%
농림지역				20%	80%
자연환경보전지역				20%	80%

2. 용도지역별 행위제한의 특례

① 용도지역 미지정·미세분(지정되지 아니한) 지역에서의 행위제한

  ㉠ 미지정: 자연환경보전지역을 적용

  ㉡ 도시지역 미세분: 보전녹지지역을 적용

  ㉢ 관리지역 미세분: 보전관리지역을 적용

② 도시지역에서 적용배제: 접도구역, 농지취득자격증명

③ 특정지역에서의 건폐율·용적률

구 분	건폐율	용적률
취락지구	60%	–
도시지역 외의 개발진흥지구	40%	100%
수산자원보호구역	40%	80%
자연공원	60%	100%
농공단지	70%	150%
국가·일반·도시첨단산업단지	80%	–

🔒 자연녹지지역의 개발진흥지구에서의 건폐율은 30%

14 **국토의 계획 및 이용에 관한 법령상 도시지역 중 건폐율의 최대한도가 낮은 지역부터 높은 지역 순으로 옳게 나열한 것은?** (단, 조례 등 기타 강화·완화조건은 고려하지 않음)

① 생산녹지지역 - 제3종 일반주거지역 - 유통상업지역

② 보전녹지지역 - 근린상업지역 - 준공업지역

③ 자연녹지지역 - 일반상업지역 - 준주거지역

④ 일반상업지역 - 준공업지역 - 제2종 일반주거지역

⑤ 전용공업지역 - 중심상업지역 - 제1종 전용주거지역

[정답] ①

15 **국토의 계획 및 이용에 관한 법령상 건폐율의 특례에 관한 연결이 틀린 것은?**

① 취락지구 - 60% 이하

② 도시지역 이외의 지역에 지정된 개발진흥지구 - 40% 이하

③ 수산자원보호구역 - 40% 이하

④ 자연공원법에 의한 자연공원 - 60% 이하

⑤ 농공단지 - 60% 이하

[정답] ⑤

(1) 용도지구의 지정: 국토교통부장관, 시·도지사 또는 대도시 시장이 도시·
군관리계획으로 결정
① 용도지구의 종류 및 세분

용도지구	세 분
경관지구	**자연, 시가지, 특화**
취락지구	**자연, 집단**
보호지구	**역**사문화환경, **중**요시설물, **생**태계
고도지구	
복합용도지구	– 대상: **일반주거, 일반공업, 계획관리지역** – 지정범위: 1/3
특정용도제한지구	
방재지구	**시가지, 자연**
방화지구	
개발진흥지구	**주거, 산업·유통, 관광·휴양, 복합, 특정**

② 시·도, 대도시의 조례로 용도지구 신설 가능(완화×)
③ 시·도, 대도시의 **조례로 추가세분/세분**: 경관지구·특화경관지구, 중요시설물
보호, 특정용도제한지구 cf. **리모델링을 위한 완화**: 경관지구, 고도지구

(2) 용도지구별 행위제한: 도시·군계획조례
○ **고도**지구: 도시·군관리계획
○ **방화**지구: **건축법**
○ **개발진흥지구**: 대통령령으로 따로 정한다.
 – 계획 수립: 지구단위계획 또는 개발계획에 위반할 수 없다.
 – 계획 미수립: 용도지역에서 허용되는 건축물을 건축할 수 있다.
○ **복합용도지구**: 대통령령으로 따로 정한다.
 – 용도지역에서 허용되는 건축물 외에 도시·군계획조례가 정하는 건축물을
 건축할 수 있다.
○ **취락**지구: 대통령령으로 따로 정한다.

 – 자연취락지구: 국토계획법 시행령
 – 집단취락지구: 개발제한구역의 지정 및 관리에 관한 특별조치법

16 국토의 계획 및 이용에 관한 법령상 용도지구에 관한 설명으로 틀린 것은?
① 특화경관지구는 지역 내 주요 수계의 수변 또는 문화적 보존가치가 큰
 건축물 주변의 경관 등 특별한 경관을 보호 또는 유지하거나 형성하기
 위하여 필요한 지구이다.
② 보호지구는 역사문화환경보호지구, 중요시설물보호지구 및 생태계보호
 지구로 세분하여 지정할 수 있다.
③ 집단취락지구는 개발제한구역 안의 취락을 정비하기 위하여 필요한 지구이다.
④ 특정용도제한지구는 주거 및 교육 환경 보호나 청소년 보호 등의 목적으
 로 오염물질 배출시설, 청소년 유해시설 등 특정시설의 입지를 제한할 필
 요가 있는 지구이다.
⑤ 시·도지사 또는 대도시 시장은 일반상업지역에 복합용도지구를 지정할
 수 있다.

[정답] ⑤

**17 국토의 계획 및 이용에 관한 법령상 용도지구별 건축제한에 관한 설명으
로 옳은 것을 모두 고른 것은?** (단, 건축물은 도시·군계획시설이 아님)

ㄱ 경관지구 안에서는 그 지구의 경관의 보호·형성에 장애가 된다고 인
 정하여 도시·군계획조례가 정하는 건축물을 건축할 수 없다.
ㄴ 집단취락지구 안에서는 그 지구의 지정 및 관리에 장애가 된다고 인정
 하여 도시·군계획조례가 정하는 건축물을 건축할 수 없다.
ㄷ 고도지구 안에서는 도시·군계획조례로 정하는 높이를 초과하는 건축
 물을 건축할 수 없다.
ㄹ 방재지구 안에서는 풍수해·산사태·지반붕괴·지진 그 밖에 재해에
 방에 장애가 된다고 인정하여 도시·군계획조례가 정하는 건축물을
 건축할 수 없다.

---

① ㄱ, ㄴ   ② ㄱ, ㄷ   ③ ㄱ, ㄹ
④ ㄴ, ㄷ   ⑤ ㄷ, ㄹ

[정답] ③

1. 도시혁신구역

(1) **지정권자** : 공간재구조화계획 결정권자

(2) **지정대상**

① 도시·군기본계획에 따른 도심·부도심 또는 생활권의 **중심지역**

② 주요 기반시설과 연계하여 지역의 **거점** 역할을 수행할 수 있는 지역

③ **유휴토지** 또는 대규모 시설의 이전부지

(3) **구역의 지정 및 계획의 결정**

① **공간재구조화계획으로** 결정한다.

② 다른 법률에서 공간재구조화계획의 결정을 의제하고 있는 경우에도 이 법에 따르지 아니하고 도시혁신구역의 지정과 도시혁신계획을 결정할 수 없다.

(4) **행위제한** : **도시혁신계획**으로 따로 정한다.

(5) **도시혁신구역에서의 건축 등** : 도시혁신계획에 맞게 하여야 한다(일정 기간 내 철거가 예상되는 가설건축물은 제외).

(6) **실효** : 지구단위계획(구역) 실효에 관한 규정을 준용

(7) **의제** : 도시혁신구역으로 지정된 지역은 **특별건축구역**으로 지정된 것으로 본다.

(8) **적용특례** : 다음의 법률 규정을 도시혁신계획으로 따로 정할 수 있다.

① 학교용지특례법 : **학교용지**의 조성·개발 기준

② 주택법 : **주택**의 배치 등의 기준

③ 문화예술진흥법 : **미술작품**의 설치

④ 건축법 : **공개 공지** 등의 확보

⑤ 주차장법 : **부설주차장**의 설치

⑥ 도시공원법 : 도시**공원**또는 녹지 확보기준

2. 복합용도구역

(1) **지정권자** : 공간재구조화계획 결정권자

(2) **지정대상**

① 산업구조 또는 경제활동의 변화로 **복합적 토지이용**이 필요한 지역

② 노후 건축물 등이 밀집하여 단계적 **정비**가 필요한 지역

③ 복합용도구역으로 지정하려는 지역이 **둘 이상의 용도지역에 걸치는 경우**로서 토지를 효율적으로 이용하기 위해 건축물의 용도, 종류 및 규모 등을 **통합적**으로 **관리**할 필요가 있는 지역

(3) 복합용도구역의 지정 및 변경과 복합용도계획은 **공간재구조화계획으로 결정**한다.

(4) **행위제한** : **복합용도계획**으로 따로 정한다.

(5) **도시혁신구역에서의 건축** : 복합용도계획에 맞게 하여야 한다(일정 기간 내 철거가 예상되는 가설건축물은 제외).

(6) **실효** : 지구단위계획(구역)의 실효에 관한 규정을 준용

(7) **의제** : 복합용도구역으로 지정된 지역은 **특별건축구역**으로 지정된 것으로 본다.

18 국토의 계획 및 이용에 관한 법령상 도시혁신구역에서 도시혁신계획으로 따로 정할 수 있는 규정이 아닌 것은?

① 「학교용지 확보 등에 관한 특례법」에 따른 학교용지의 조성·개발 기준

② 「문화예술진흥법」에 따른 건축물에 대한 미술작품의 설치

③ 「주차장법」에 따른 부설주차장의 설치

④ 「건축법」에 따른 건축선의 지정

⑤ 「도시공원 및 녹지 등에 관한 법률」에 따른 도시공원 또는 녹지 확보기준

[정답] ④

19 국토의 계획 및 이용에 관한 법령상 복합용도구역으로 지정할 수 있는 지역을 모두 고른 것은?

> ㉠ 도시·군기본계획에 따른 도심·부도심 또는 생활권의 중심지역
> ㉡ 산업구조 또는 경제활동의 변화로 복합적 토지이용이 필요한 지역
> ㉢ 노후 건축물 등이 밀집하여 단계적 정비가 필요한 지역

① ㉠   ② ㉠, ㉡   ③ ㉠, ㉢

④ ㉡, ㉢   ⑤ ㉠, ㉡, ㉢

[정답] ④

(1) **지정권자** : 도시·군관리계획의 결정권자

(2) **지정대상**

① 도시·군계획시설 준공 후 **10년**이 경과한 경우로서 해당 시설의 개량 또는 정비가 필요한 경우

② 기반시설의 복합적 이용이 필요한 경우

③ 첨단기술을 적용한 새로운 형태의 기반시설 구축 등이 필요한 경우

④ 시·도 또는 대도시의 도시·군계획조례로 정하는 경우

(3) **입체복합구역의 행위제한** : 대통령령으로 정하는 범위에서 따로 정할 수 있다.

(건폐율과 용적률 : 용도지역별 최대한도의 **200퍼센트** 이하)

건축제한	건폐율	용적률	건축물 높이
• 도시지역 : 도시지역에서 허용되는 범위 • 도시지역 외 : 계획관리지역에서 허용되는 범위	150%	200%	• 가로구역별 높이 : 150% • 채광 확보를 위한 공동주택 높이 : 200%

20 국토의 계획 및 이용에 관한 법령상 도시·군계획시설입체복합구역의 지정에 관한 규정의 일부이다. (   )에 들어갈 내용으로 옳은 것은?

> 제40조의5(도시·군계획시설입체복합구역의 지정) ① 도시·군관리계획의 결정권자는 도시·군계획시설의 입체복합적 활용을 위하여 다음 각 호의 어느 하나에 해당하는 경우에 도시·군계획시설이 결정된 토지의 전부 또는 일부를 도시·군계획시설입체복합구역으로 지정할 수 있다.
> 1. 도시·군계획시설 준공 후 (   )이 경과한 경우로서 해당 시설의 개량 또는 정비가 필요한 경우
> <이하 생략>

① 2년　　　　　② 3년　　　　　③ 5년
④ 10년　　　　　⑤ 20년

[정답] ④

(1) **도시·군계획시설의 설치**

① 원칙 : 미리 도시·군관리계획으로 결정

② 예외 : 계획 결정 없이 설치

(2) **단계별 집행계획**

① 수립권자 : 특별시장·광역시장·시장·군수(예외 − 국토교통부장관, 도지사)

② 계획의 구분 3년 내 시행 − 1단계, 3년 후 시행 − 2단계

③ 수립시기 : 3개월 내(예외 − 2년)

④ 절차 : 협의, 의회의견 − 공고(특·광·시·군)

(3) **시행자**

① 원칙 : 특별시장·광역시장·시장·군수

② 예외 : 국토교통부장관, 도지사

③ 비행정청인 시행자 : 시행자로 지정 받아 시행가능

　− 민간 **시행자 지정** : 면적 3분의 2 이상의 토지를 소유, 토지소유자 총수 2분의 1 이상의 **동의**

(4) **실시계획**

① 시행지는 실시계획을 작성하여야 한다.

② 인가 : 국토교통부장관, 시·도지사·대도시 시장

③ 실시계획 실효 : 10년 이후 **실시계획 작성·인가 ⇨ 5년** 내 **재결신청** 안 하면 5년 지난 다음 날 실효(2/3 이상 토지사용권 확보 ⇨ 7년 내 재결신청)

(5) **시행자 보호조치** : 분할시행, 서류열람(무료), 공시송달(비행정청은 국토교통부장관, 시·도지사 또는 대도시 시장의 승인), 수용·사용, 타인토지에의 출입, 국·공유지 처분제한(위반시 무효)

🔒 **타인토지 출입**

① 출입 등을 위한 절차

　㉠ **출입절차** : 특·광·시·군 허가 – **7일** 전 통지(소유자 등)

　　cf. **행정청**인 시행자 : 허가 ✕

　㉡ **일시사용, 장애물 변경·제거** 절차 : 소유자·점유자·관리인 동의 – **3일** 전 통지(소유자 등)

　㉢ 일출 전·일몰 후 택지 등에 출입 : 점유자의 승낙

　㉣ 수인의무(방해·거부 금지) : 점유자

② 토지에의 출입 등에 따른 손실보상

　㉠ 보상 의무자 : 행위자가 속한 **행정청**, 시행자

　㉡ 보상 절차 : 협의 – 재결신청

(6) **준공검사** : 시·도지사 또는 대도시 시장

21 국토의 계획 및 이용에 관한 법령상 도시·군계획시설사업에 관한 설명으로 옳은 것은?

① 대도시 시장이 작성한 도시·군계획시설사업에 관한 실시계획은 국토교통부장관의 인가를 받아야 한다.

② 도시·군계획시설사업이 둘 이상의 시 또는 군의 관할 구역에 걸쳐 시행되게 되는 경우에는 국토교통부장관이 시행자를 정한다.

③ 도시·군계획시설사업의 대상시설을 둘 이상으로 분할하여 도시·군계획시설사업을 시행할 수 없다.

④ 「한국토지주택공사법」에 따른 한국토지주택공사가 도시·군계획시설사업의 시행자로 지정받기 위해서 사업 대상 토지 면적의 3분의 2 이상의 토지소유자의 동의를 얻어야 한다.

⑤ 「한국전력공사법」에 따른 한국전력공사는 도시·군계획시설사업의 시행자가 될 수 있다.

[정답] ⑤

(1) **도시·군계획시설부지에서의 개발행위**

① 원칙 : 건축물 건축, 공작물 설치 허가 금지

② 장기미집행 시 특례 : 2년 내 사업시행 ✕ + 단계별 집행계획 수립 ✕, 또는 제1단계 집행계획 ✕

　– 가설건축물, 공작물, 개축·재축 허용

(2) **도시·군계획시설부지의 매수청구**

① 매수청구사유 : **10년** 내 사업시행 ✕

　cf. 실시계획의 인가가 있는 경우는 제외

② 매수청구자 : 지목이 **대**인 토지(건축물·정착물 포함)의 소유자

③ 매수청구 상대방 : 특별시장·광역시장·시장·군수

　– 예외 : 시행자, 설치관리의무자

④ 매수여부의 **통지의무** : **6개월** 이내

　– 통지한 날부터 **2년** 이내에 **매수**

⑤ 매수대금의 지급

　㉠ 원칙 : 현금

　㉡ 예외 : **지방자치단체가 도시·군계획시설채권** 발행

　　– 토지 소유자가 원하는 경우

　　– **3천만원** 초과하는 경우 그 초과하는 금액

　㉢ 도시·군계획시설채권의 **상환기간** : **10년** 이내

　㉣ 이율 : 조례

　㉤ 채권발행은 지방재정법 준용

⑥ 가격·절차 : 공취법 준용

⑦ 매수 안하는 경우 허용행위(개발행위허가 필요)

    ㉠ 단독주택으로서 3층 이하

    ㉡ 제1종 근린생활시설로서 3층 이하

    ㉢ 제2종 근린생활시설(다중생활시설, 단란주점, 노래연습장, 안마시술소는 제외)로서 3층 이하

    ㉣ 공작물

(3) **사업 미시행시 도시 · 군계획시설결정의 실효** : 20년이 되는 날의 다음 날

22 甲 소유의 토지는 A광역시 B구에 소재한 지목이 대(垈)인 토지로서 한국토지주택공사를 사업시행자로 하는 도시 · 군계획시설 부지이다. 甲의 토지에 대해 국토의 계획 및 이용에 관한 법령상 도시 · 군계획시설 부지의 매수청구권이 인정되는 경우, 이에 관한 설명으로 옳은 것은? (단, 도시 · 군계획시설의 설치의무자는 사업시행자이며, 조례는 고려하지 않음)

① 甲의 토지의 매수의무자는 B구청장이다.

② 甲이 매수청구를 할 수 있는 대상은 토지이며, 그 토지에 있는 건축물은 포함되지 않는다.

③ 甲이 원하는 경우 매수의무자는 도시 · 군계획시설채권을 발행하여 그 대금을 지급할 수 있다.

④ 매수의무자는 매수청구를 받은 날부터 6개월 이내에 매수여부를 결정하여 甲과 A광역시장에게 알려야 한다.

⑤ 매수청구에 대해 매수의무자가 매수하지 아니하기로 결정한 경우 甲은 자신의 토지에 2층의 다세대주택을 건축할 수 있다.

[정답] ④

15 핵심논점   지구단위계획구역의 지정

(1) **지정권자** : 국토교통부장관, 시 · 도지사, 시장 · 군수

(2) **임의 지정대상** : 지정할 수 있다.

① 용도지구

② 도시개발구역, 정비구역, 택지개발지구, 시범도시 등

③ 개발제한구역 · 도시자연공원구역 · 시가화조정구역 · 공원에서 해제되는 구역

(3) **의무 지정대상** : 지정하여야 한다.

① 정비구역, 택지개발지구에서 사업이 끝난 후 **10년**이 경과된 지역

② 공원, 시가화조정구역에서 해제되는 지역으로 면적이 30만㎡ 이상 지역

③ 녹지에서 주거 · 상업 · 공업으로 변경되는 30만㎡ 이상 지역

(4) **도시지역 외에서의 지정**

① 50% 이상이 계획관리지역 : 나머지는 생산관리지역 또는 보전관리지역

  🔒 다음의 면적요건에 해당할 것

아파트 · 연립주택 포함	30만㎡ 이상
아파트 · 연립주택 포함 자연보전권역, 초등학교 용지확보	10만㎡ 이상
기타의 경우	3만㎡ 이상

② 개발진흥지구 : 다음의 지역에 위치할 것

주거개발진흥지구, 복합개발진흥지구(주거기능 포함) **특정개발진흥지구**	**계획관리지역**
산업 · 유통개발진흥지구 복합개발진흥지구(주거기능이 포함되지 않은 경우)	계획관리지역 생산관리지역 농림지역
관광 · 휴양개발진흥지구	도시지역 외의 지역

③ 용도지구 폐지 ⇨ 행위제한을 지구단위계획으로 대체하려는 지역

23 국토의 계획 및 이용에 관한 법령상 지구단위계획에 관한 설명으로 옳은 것은?

① 개발제한구역·도시자연공원구역·시가화조정구역 또는 공원에서 해제되는 구역 중 계획적인 개발 또는 관리가 필요한 지역은 지구단위계획구역으로 지정하여야 한다.

② 용도지구로 지정된 지역에 대하여는 지구단위계획구역을 지정할 수 없다.

③ 「도시 및 주거환경정비법」에 따라 지정된 정비구역의 일부에 대하여 지구단위계획구역을 지정할 수 있다.

④ 도시지역 외 지구단위계획구역에서는 당해 용도지역에 적용되는 건축물 높이의 150% 이내에서 높이제한을 완화하여 적용할 수 있다.

⑤ 농림지역에 지정된 주거개발진흥지구는 지구단위계획구역으로 지정할 수 있다.

[정답] ③

24 국토의 계획 및 이용에 관한 법령상 지구단위계획에 관한 설명으로 틀린 것은?

① 지구단위계획구역의 지정에 관한 고시일부터 5년 이내에 지구단위계획이 결정·고시되지 아니하면 그 5년이 되는 날에 지구단위계획구역의 지정에 관한 도시·군관리계획결정은 효력을 잃는다.

② 지구단위계획에는 건축물의 건축선에 관한 계획이 포함될 수 있다.

③ 지구단위계획구역 및 지구단위계획은 도시·군관리계획으로 결정한다.

④ 국토교통부장관, 시·도지사, 시장 또는 군수는 지구단위계획구역 지정이 효력을 잃으면 지체 없이 그 사실을 고시하여야 한다.

⑤ 국토교통부장관은 용도지구의 전부 또는 일부에 대하여 지구단위계획구역을 지정할 수 있다.

[정답] ①

16 핵심논점 ▶ 개발행위허가의 대상

(1) 허가대상 : 도시·군계획사업이 아닌 다음의 행위

① 건축물의 건축

② 공작물의 설치

③ 토지형질변경(**경작**을 위한 토지형질변경 제외)

　🔒 경작을 위한 토지의 형질변경

　　– **지목변경**되면 **허가대상**(**전·답** 사이의 변경 **제외**)

　　– **옹벽**설치, 2m 이상 절토·성토 시 **허가대상**

④ 토석채취(토지형질변경 목적 제외)

⑤ 토지분할 : 건축물이 없는 토지

　㉠ 녹지지역 등에서 **허가·인가** 등이 없는 토지분할

　㉡ 분할제한면적 미만으로의 토지분할

　㉢ 5미터 이하로의 토지분할

⑥ 적치 : **녹지·관리·자연환경보전지역**에 울타리 밖에 물건을 1월 이상 쌓아놓는 행위

(2) 허가사항의 변경

① 원칙 : 변경하는 경우에도 허가받아야 한다.

② 경미한 사항의 변경 : 특·광·시·군에 통지

　– 사업기간단축, 사업면적 5% 축소, 허용 **오차**의 반영, 법개정 등으로 **불가**피하게 변경하는 경우

(3) 허가의 예외

① **재해복구·재난수습**을 위한 **응급조치** ▷ **1개월 내 신고**

② 경미한 행위

　– 농림어업용 **비닐하우스**(육상어류양식장 제외)

　– **조성완료**된 대지에서 형질변경

　– **사도개설허가**를 받은 토지의 분할

　– **국·공유지**로 하거나 공공시설로 사용하기 위한 토지의 분할

- 용도폐지되는 행정재산, 일반재산의 매각을 위한 토지의 분할
- 도시·군계획시설로 지형도면고시가 된 토지의 분할

25 국토의 계획 및 이용에 관한 법령상 개발행위허가를 받아야 하는 행위는?

① 개발행위허가를 받은 사항을 변경하는 경우로서 사업기간을 단축하는 경우
② 「도시개발법」에 따른 도시개발사업에 의한 건축물의 건축
③ 사도개설허가를 받은 토지의 분할
④ 농림지역안에서의 농림어업용 비닐하우스(비닐하우스 안에 설치하는 육상어류양식장을 제외한다)의 설치
⑤ 2미터 이상의 절토·성토가 수반되는 경작을 위한 형질변경

[정답] ⑤

26 국토의 계획 및 이용에 관한 법령상 개발행위허가에 관한 설명으로 옳은 것은?

① 환경오염 방지 등을 위하여 필요한 경우 지방자치단체가 시행하는 개발행위에 대하여 이행보증금을 예치하게 할 수 있다.
② 개발행위허가를 받은 부지면적을 3% 확대하는 경우에는 별도의 변경허가를 받지 않아도 된다.
③ 「사방사업법」에 따른 사방사업을 위한 개발행위는 중앙도시계획위원회와 지방도시계획위원회의 심의를 거치지 아니한다.
④ 재해복구를 위한 응급조치로서 공작물의 설치를 하려는 자는 도시·군계획사업에 의한 행위가 아닌 한 개발행위허가를 받아야 한다.
⑤ 경작을 위한 경우라도 전·답 사이의 지목변경을 수반하는 토지의 형질변경은 허가를 받아야 한다.

[정답] ③

17 핵심논점 ▷ 개발행위허가의 제한

① 제한권자: 국토교통부장관, 시·도지사, 시장·군수
② 제한사유
  ㉠ 녹지지역·계획관리지역으로서 수목·조수류·우량농지 등 보전 필요
  ㉡ 주변환경·경관·미관 등의 오염, 손상 우려
  ㉢ 도시·군기본계획·도시·군관리계획을 수립 중
  ㉣ 지구단위계획구역
  ㉤ 기반시설부담구역
③ 제한기간: 3년 이내
  ○ ㉢㉣㉤의 경우 1회에 한하여 2년 범위 내에서 연장
④ 절차: 시장·군수 의견 - 심의 - 고시
  ○ 기간 연장: 심의없이 연장

27 국토의 계획 및 이용에 관한 법령에 따라 녹지지역이나 계획관리지역으로서 수목이 집단적으로 자라고 있는 지역에 대해서 개발행위허가를 제한하려는 경우에 관한 설명으로 틀린 것은?

① 개발행위허가를 제한하고자 하는 자가 국토교통부장관인 경우에는 중앙도시계획위원회의 심의를 거쳐야 한다.
② 한 차례만 3년 이내의 기간 동안 개발행위허가를 제한할 수 있다.
③ 한 차례만 2년 이내의 기간 동안 개발행위허가의 제한을 연장할 수 있다.
④ 국토교통부장관, 시·도지사, 시장 또는 군수는 개발행위허가를 제한하려면 대통령령으로 정하는 바에 따라 제한지역·제한사유·제한대상행위 및 제한기간을 미리 고시하여야 한다.
⑤ 개발행위허가 제한지역 등을 고시한 국토교통부장관, 시·도지사, 시장 또는 군수는 해당 지역에서 개발행위를 제한할 사유가 없어진 경우에는 그 제한기간이 끝나기 전이라도 지체 없이 개발행위허가의 제한을 해제하여야 한다.

[정답] ③

구 분	행정청	비행정청
새로 설치한 공공시설	관리청에 **무상귀속**	관리청에 **무상귀속**
종래의 공공시설	행정청에 **무상귀속**	용도가 폐지되는 공공시설은 새로 설치한 공공시설의 설치비용 범위에서 **무상으로 양도할 수 있다.**
귀속 시기	공공시설의 세목을 통지한 날에 귀속	준공검사를 받음으로써 귀속되거나 양도

28 국토의 계획 및 이용에 관한 법령상 개발행위에 따른 공공시설 등의 귀속에 관한 설명으로 틀린 것은?

① 개발행위허가를 받은 자가 행정청인 경우 개발행위허가를 받은 자가 새로 공공시설을 설치한 경우 새로 설치된 공공시설은 그 시설을 관리할 관리청에 무상으로 귀속된다.

② 개발행위허가를 받은 자가 행정청인 경우 개발행위허가를 받은 자가 기존의 공공시설에 대체되는 공공시설을 설치한 경우 종래의 공공시설은 개발행위허가를 받은 자에게 무상으로 귀속된다.

③ 개발행위허가를 받은 자가 행정청이 아닌 경우 개발행위허가를 받은 자가 새로 설치한 공공시설은 그 시설을 관리할 관리청에 무상으로 귀속된다.

④ 개발행위허가를 받은 자가 행정청이 아닌 경우 개발행위로 용도가 폐지되는 공공시설은 개발행위허가를 받은 자에게 무상으로 귀속된다.

⑤ 특별시장·광역시장·특별자치시장·특별자치도지사·시장 또는 군수는 공공시설의 귀속에 관한 사항이 포함된 개발행위허가를 하려면 미리 관리청의 의견을 들어야 한다.

[정답] ④

⑴ **성장관리계획구역**

① 지정권자 : 특별시장·광역시장·시장 또는 군수

② 지정대상 : **녹지·관리·농림·자연환경보전지역**

　ㅇ 지역·지구등의 변경으로 토지이용에 대한 행위제한이 완화되는 지역

　ㅇ 난개발의 방지와 체계적인 관리가 필요한 지역

　　－ 압축적·효율적 도시성장관리, 공장 등과 입지 분리

③ 절차 : 주민의견 － 의회의견 － 협의 － 심의 － 고시(의회의견 : 60일)

⑵ **성장관리계획의 수립**

① 수립권자 : 특별시장·광역시장·시장 또는 군수

② 성장관리계획으로 완화

용도지역	건폐율	용적률
계획관리지역	50%	125%
생산관리지역, 농림지역, 자연녹지지역, 생산녹지지역	30%	

③ 절차 : 성장관리계획구역의 지정절차 준용

④ 타당성검토 : 5년마다

⑤ 성장관리계획의 수립기준 : 대통령령

29 국토의 계획 및 이용에 관한 법령상 성장관리계획을 수립한 지역에서 건폐율은 다음의 범위에서 지방자치단체의 조례로 정할 수 있다. 틀린 것은?

① 자연녹지지역 : 30퍼센트 이하

② 계획관리지역 : 50퍼센트 이하

③ 생산관리지역 : 30퍼센트 이하

④ 보전관리지역 : 30퍼센트 이하

⑤ 농림지역 : 30퍼센트 이하

[정답] ④

1. 개발밀도관리구역

(1) **의의** : 기반시설의 설치가 **곤란한** 지역, 건폐율·용적률을 **강화**

(2) **지정권자** : 특별시장·광역시장·시장·군수

(3) **지정대상** : 주거·상업·공업지역

(4) **지정절차** : 심의 - 고시

(5) **건폐율·용적률의 강화** : **용적률**의 최대한도의 50% 범위 안에서 강화

(6) **지정기준** : 국토교통부장관이 정한다.

　　- 도로율 등 20%, 2년 내 용량초과되는 지역에 지정

2. 기반시설부담구역

(1) **의의** : 개발밀도관리구역 **외**의 지역, 기반시설 설치·용지확보하게 **하기 위하여** 지정·고시

(2) **기반시설부담구역의 지정**

① 지정권자 : 특별시장·광역시장·시장·군수

② 지정대상 : 지정하여야 한다.

　㉠ 법개정 등으로 행위제한 **완화·해제**되는 지역

　㉡ 용도지역 변경으로 행위제한 **완화·해제**되는 지역

　㉢ 개발행위허가 건수가 **20%** 이상 증가한 지역

　㉣ 전년도 인구증가율이 **20%** 이상 높은 지역

③ 지정절차 : **주민의견** - 심의 - 고시

④ 지정기준 : 최소 10만m^2 이상

⑤ 지정해제 : 1년 내 기반시설설치계획 수립 ×

(3) **기반시설설치계획**

① 특별시장·광역시장·시장·군수가 수립, 이를 도시·군관리계획에 반영

② 지구단위계획 수립 ⇨ 기반시설설치계획 의제

(4) **기반시설설치비용**

① 부과대상 : **200m^2 초과** 건축물의 신·증축 행위

② 부과권자 : 특별시장·광역시장·시장·군수

③ **부과시기** : 건축허가를 받은 날부터 **2개월** 이내

④ **납부** : **사용승인 신청시**까지 납부

30 국토의 계획 및 이용에 관한 법령상 개발밀도관리구역 및 기반시설부담구역에 관한 설명으로 옳은 것은?

① 개발밀도관리구역에서는 당해 용도지역에 적용되는 건폐율 또는 용적률을 강화 또는 완화하여 적용할 수 있다.

② 군수가 개발밀도관리구역을 지정하려면 지방도시계획위원회의 심의를 거쳐 도지사의 승인을 받아야 한다.

③ 해당 지역의 전년도 개발행위허가 건수가 전전년도 개발행위허가 건수보다 10퍼센트 이상 증가한 지역에는 기반시설부담구역을 지정하여야 한다.

④ 기반시설부담구역의 지정고시일부터 1년이 되는 날까지 기반시설설치계획을 수립하지 아니하면 그 1년이 되는날의 다음 날에 구역의 지정은 해제된 것으로 본다.

⑤ 기반시설부담구역에서 개발행위를 허가받고자 하는 자에게는 기반시설설치비용을 부과하여야 한다.

　　　　　　　　　　　　　　　　[정답] ④

도시개발법

(1) **수립권자** : 지정권자

(2) **수립시기** : 원칙은 구역지정 전에 수립

🔒 예외(구역지정 후 수립) : 공모, 미개발지

㉠ 자연녹지지역 · 생산녹지지역, 도시지역 밖

㉡ **주거 · 상업 · 공업**지역의 면적이 **30%** 이하

㉢ 국토교통부장관이 지정하고자 하는 지역

(3) **동의**(환지방식의 개발계획) : 토지면적의 2/3 + 토지소유자 총수의 1/2

○ 시행자가 국가 · 지자체인 경우 : 동의 ×

(4) **개발계획의 내용**

① 구역지정 후 개발계획에 포함시킬 수 있는 사항

㉠ **구역 밖**의 기반**시설** 설치비용의 부담계획

㉡ 수용 · 사용의 대상인 토지 등의 **세부목록**

㉢ **세입자** 등의 주거 및 생활 안정 대책

㉣ 순환개발 등 **단계적** 사업추진 계획 등

② 개발계획에는 지구단위계획은 포함되지 않는다.

(5) **작성기준** : 국토교통부장관, 복합기능 도모(330만m² 이상의 도시개발구역)

31 도시개발법령상 개발계획에 관한 사항으로 옳은 것은?

① 개발계획 작성의 기준 및 방법은 시 · 도의 조례로 정한다.

② 자연녹지지역에 도시개발구역을 지정할 때에는 도시개발구역을 지정한 후에 개발계획을 수립할 수 있다.

③ 환지방식으로 도시개발사업을 시행하기 위해 개발계획을 수립하는 때에는 토지면적의 2분의 1 이상의 토지소유자와 토지소유자 총수의 3분의 2 이상의 동의를 얻어야 한다.

④ 개발계획에는 지구단위계획이 포함되어야 한다.

⑤ 재원조달계획은 도시개발구역을 지정한 후에 개발계획에 포함시킬 수 있다.

[정답] ②

① 원칙 : 시 · 도지사 또는 대도시 시장

② 예외 : 국토교통부장관

㉠ 관계 **중앙행정기관**의 장이 요청하는 경우

㉡ **국가**가 도시개발사업을 실시하는 경우

㉢ 시 · 도지사의 **협의**가 성립되지 아니하는 경우

㉣ 공공기관 · 정부출연기관장이 제안 − 30만m² 이상

㉤ 천재지변 등으로 **긴급**

③ 지정 요청 : 시 · 군 · 구 ⇨ 시 · 도지사(대도시 제외)

④ 지정의 제안

㉠ 제안자 : 시행자(**국가, 지방자치단체, 조합 제외**)

㉡ 제안의 상대방 : 시 · 군 · 구청장에게 제안

🔒 예외 : 공공기관 · 정부출연기관장이 30만m² 이상으로 제안 ⇨ 국토교통부장관에게 제안

㉢ 제안수용 여부의 통보 : 1개월, 연장 1개월

㉣ 비용 : 제안자에게 부담시킬 수 있다.

㉤ 동의 : **민간** ⇨ **면적의 3분의 2**

32 도시개발법령상 국토교통부장관이 도시개발구역을 지정할 수 있는 경우가 아닌 것은?

① 국가가 도시개발사업을 실시할 필요가 있는 경우

② 산업통상자원부장관이 10만 제곱미터 규모로 도시개발구역의 지정을 요청하는 경우

③ 지방공사의 장이 30만 제곱미터 규모로 도시개발구역의 지정을 요청하는 경우

④ 한국토지주택공사 사장이 30만 제곱미터 규모로 국가계획과 밀접한 관련이 있는 도시개발구역의 지정을 제안하는 경우

⑤ 천재 · 지변으로 인하여 도시개발사업을 긴급하게 할 필요가 있는 경우

[정답] ③

① 면적기준 : 도시개발구역으로 지정할 수 있는 면적

도시 지역 안	− 주거 · 상업 · 자연녹지 · 생산녹지 : 1만m² 이상 − 공업지역 : 3만m² 이상
도시 지역 밖	− 원칙 : 30만m² 이상 − 아파트 · 연립주택 건설계획, 초등학교용지, 4차로 도로 설 치 : 10만m² 이상

② 자연녹지, 생산녹지, 도시지역 외에서 지정 기준

🔒 광역도시계획, 도시 · 군기본계획이 수립 × ⇨ 자연녹지지역, 계획관리지
역에 한하여 지정

③ 면적기준 등의 적용 제외

㉠ **국토교통부장관**이 지정하고자 하는 지역

㉡ **취락지구, 개발진흥지구, 지구단위계획구역**

33 도시개발구역으로 지정할 수 있는 규모로 옳은 것은?

① 도시지역 안의 주거지역 : 10,000m² 이상

② 도시지역 안의 상업지역 : 5,000m² 이상

③ 도시지역 안의 공업지역 : 20,000m² 이상

④ 도시지역 안의 자연녹지지역 : 5,000m² 이상

⑤ 도시지역 외의 지역 : 200,000m² 이상

[정답] ①

도시개발구역의 지정은 다음에 해당된 날의 다음 날에 해제된 것으로 본다.

① 원칙

㉠ **3년** 내 **실시계획인가**를 신청하지 아니하는 경우

㉡ 공사완료(환지처분)의 공고일

② 예외 : 구역 지정 후에 개발계획을 수립하는 경우

㉠ **2년** 내 **개발계획**을 수립 · 고시하지 아니하는 경우

㉡ 개발계획을 수립 · 고시한 날부터 3년이 되는 날까지 실시계획의 인가를
신청하지 아니하는 경우

🔒 면적 **330만m²** 이상인 경우 : 5년

③ 해제효과 : 용도지역 · 지구단위계획구역은 환원 · 폐지

🔒 공사완료(환지처분)에 의한 경우 ⇨ 환원 ×

34 도시개발법령상 도시개발구역의 지정에 관한 설명으로 옳은 것은?

① 서로 떨어진 둘 이상의 지역은 결합하여 하나의 도시개발구역으로 지정
될 수 없다.

② 국가가 도시개발사업의 시행자인 경우 환지 방식의 사업에 대한 개발계
획을 수립하려면 토지 소유자의 동의를 받아야 한다.

③ 광역시장이 개발계획을 변경하는 경우 군수 또는 구청장은 광역시장으로
부터 송부 받은 관계 서류를 일반인에게 공람시키지 않아도 된다.

④ 도시개발구역의 지정은 도시개발사업의 공사 완료의 공고 일에 해제된
것으로 본다.

⑤ 도시개발사업의 공사 완료로 도시개발구역의 지정이 해제 의제된 경우에
는 도시개발구역의 용도지역은 해당도시개발구역 지정 전의 용도지역으
로 환원되거나 폐지된 것으로 보지 아니한다.

[정답] ⑤

[전부 환지방식의 시행자]

① 원칙 : 토지소유자 또는 조합

② 예외 : **지자체 등을 시행자로** 지정할 수 있다.

    ㉠ 1년 이내에 시행자 지정신청 ✕

    ㉡ 공공시설에 관한 사업과 병행

    ㉢ 토지면적의 1/2 및 총수 1/2 이상이 동의

[시행자 변경] ― 시행자 귀책사유―

① 실시계획 인가 후 **2년** 이내에 사업 **착수** ✕

② 시행자 지정 취소, 실시계획 인가 취소

③ 시행자의 부도 · 파산

④ 환지방식 : **1년 내 실시계획 인가신청** ✕

[사업의 대행]

① 공공시행자인 경우 주택건설사업자에게 대행

② 대행하게 할 수 있는 업무 : **부**지조성공사, **실**시설계, **기**반시설공사, **조**성토지 분양

35 도시개발법령상 도시개발사업의 시행자에 관한 설명으로 틀린 것은?

① 도시개발사업의 시행자는 도시개발구역의 지정권자가 지정한다.

② 지방공사인 도시개발사업의 시행자는 설계 · 분양 등 도시개발사업의 일부를 「주택법」에 따른 주택건설사업자 등으로 하여금 대행하게 할 수 있다.

③ 도시개발조합은 도시개발사업의 전부를 환지방식으로 시행하는 경우에만 시행자가 될 수 있다.

④ 도시개발구역의 국공유지를 제외한 토지면적의 2분의 1 이상에 해당하는 토지 소유자 및 토지 소유자 총수의 2분의 1 이상이 동의하면 도시개발구역의 전부를 환지방식으로 시행하는 경우에도 지방자치단체등을 시행자로 지정할 수 있다.

⑤ 지방자치단체의 장이 집행하는 공공시설에 관한 사업과 병행하여 시행할 필요가 있는 경우 지정권자는 시행자를 변경할 수 있다.

[정답] ⑤

(1) 설립인가

① 토지소유자 **7명** 이상, 지정권자의 인가

② 인가받은 사항의 변경 : 변경인가

    - 경미한 사항(**공고방법** 변경, **주**된 사무소소재지 변경)의 변경 : 신고

③ 동의 : 면적의 2/3 + 토지소유자 총수의 1/2

(2) **조합의 성립** : 설립등기(30일 이내)한 때

(3) **조합원**

① 조합원 : 도시개발구역의 **토지소유자**

② 의결권 : 면적에 관계없이 평등한 의결권

③ 조합원 경비부담(부과금) : 위치·지목 등을 고려

    - 부과금 체납 : 시·군·구에 징수위탁 (수수료 4%)

(4) 임 원

① 임원의 구성 : 조합장, 이사, 감사

    - 조합장 또는 이사의 자기를 위한 조합과의 계약·소송은 감사가 조합을 대표

② 임원 자격상실 : 결격사유에 해당된 날의 **다음 날**

---

36 도시개발법령상 도시개발조합에 대한 설명으로 틀린 것은?

① 조합원은 도시개발구역 안에 소재한 토지 소유자로 한다.

② 조합이 작성하는 정관에는 도시개발사업의 명칭이 포함되어야 한다.

③ 조합의 임원은 그 조합의 다른 임원이나 직원을 겸할 수 없다.

④ 조합설립인가를 받은 조합이 주된 사무소의 소재지를 변경하려면 지정권자로부터 변경인가를 받아야 한다.

⑤ 조합은 부과금을 체납하는 자가 있으면 대통령령으로 정하는 바에 따라 특별자치도지사·시장·군수 또는 구청장에게 그 징수를 위탁할 수 있다.

[정답] ④

---

① 조합원 수가 50인 이상 ⇨ 대의원회를 둘 수 있다.

② **다음의 사항을 제외한** 총회의 권한을 대행

    ㉠ **정관의 변경**

    ㉡ 개발계획의 수립 및 변경

    ㉢ 환지계획의 작성

    ㉣ 조합**임원**의 선임

    ㉤ 조합의 **합병** 또는 **해산**에 관한 사항

---

37 도시개발법령상 도시개발조합 총회의 권한 중 대의원회가 대행할 수 있는 사항을 모두 고른 것은?

    ㉠ 정관의 변경
    ㉡ 청산금의 징수·교부를 완료한 후에 하는 조합의 해산
    ㉢ 환지계획의 작성
    ㉣ 실시계획의 작성
    ㉤ 조합임원의 선임

① ㉠, ㉡   ② ㉡, ㉢   ③ ㉡, ㉣
④ ㉢, ㉣   ⑤ ㉣, ㉤

[정답] ③

① 환지방식

　㉠ 대지로서의 효용증진 등을 위하여 **교환·분합, 구획변경** 등이 필요한 경우

　㉡ **지가**가 인근 지역에 비하여 현저히 높은 경우

② 수용 또는 사용방식 : 택지 등의 **집단적인 조성·공급**이 필요한 경우

③ 혼용방식

　㉠ 분할 혼용방식 : 수용 또는 사용 방식이 적용되는 지역과 환지 방식이 적용되는 지역을 사업시행지구별로 분할하여 시행하는 방식

　㉡ 미분할 혼용방식 : 사업시행지구를 분할하지 아니하고 수용 또는 사용 방식과 환지 방식을 혼용하여 시행하는 방식

④ 시행방식 변경 : 수용 ⇨ 혼용, 수용 ⇨ 환지, 혼용 ⇨ 환지

38 도시개발법령상 도시개발사업의 시행방식과 관련된 설명 중 옳은 것은?

① 개발계획에는 도시개발사업의 시행방식이 포함되어야 한다.

② 도시개발사업을 시행하는 지역의 지가가 인근의 다른 지역에 비하여 현저히 높은 경우에 수용 또는 사용방식으로 시행하는 것이 원칙이다.

③ 수용 또는 사용방식은 대지로서의 효용증진과 공공시설의 정비를 위하여 지목 또는 형질의 변경이나 공공시설의 설치·변경이 필요한 경우에 시행하는 방식이다.

④ 계획적이고 체계적인 도시개발 등 집단적인 조성이 필요한 경우에 환지방식으로 시행하는 것을 원칙으로 한다.

⑤ 수용 또는 사용하는 방식과 환지방식을 혼용하여 시행하는 경우에 각각의 방식이 적용되는 구역으로 구분하여 사업시행지구로 분할하여 시행할 수 없다.

[정답] ①

[수용]

① 시행자는 토지 등을 수용·사용할 수 있다.

② **민간** 시행자의 **동의** : 토지면적 2/3 이상의 토지 소유, 토지소유자 총수의 1/2 이상의 동의

③ 공취법 준용

④ **사업인정** 의제 : **세부목록** 고시

⑤ 재결신청 : 도시개발사업의 시행기간 종료일까지

[토지상환채권]

① 발행 : **시행자**는 토지소유자가 **원하면** 토지등의 **매수 대금**의 **일부**를 지급하기 위하여 토지상환채권을 발행할 수 있다.

② 발행규모 : 분양토지·분양건축물 면적의 **1/2**을 초과

③ 발행절차 : 지정권자 승인, 보증(민간시행자)

④ 이율 : 발행자가 정함

⑤ 발행방법 : **기명증권**

⑥ 채권이전 : 채권원부 + 채권에 각각 기재

[선수금]

① 지정권자 승인

② 선수금 요건

공공 시행자	개발계획 수립·고시 후, 면적 100분의 10 이상의 토지소유권 확보
민간 시행자	실시계획인가를 받은 후 ㉠ 공급하려는 토지에 대한 소유권을 확보 ㉡ 해당 토지에 설정된 저당권을 말소 ㉢ **공사 진척률** : **100분의 10** 이상 ㉣ 보증서 제출

39 도시개발법령상 수용방식의 도시개발사업의 시행과 관련된 내용으로 옳은 것은?

① 대지로서의 효용증진과 공공시설의 정비를 위하여 토지의 교환·분합, 그 밖의 구획변경 등이 필요한 경우 수용 또는 사용방식으로 시행한다.

② 민간사업시행자는 사업대상 토지면적 3분의 2 이상의 토지를 소유하고 토지소유자 총수 2분의 1 이상의 동의를 얻어야 수용·사용할 수 있다.

③ 한국토지주택공사인 시행자가 선수금을 받으려면 공급계약의 불이행 시 선수금의 환불을 담보하기 위하여 보증서 등을 지정권자에게 제출하여야 한다.

④ 원형지를 학교부지로 직접 사용하는 자를 원형지개발자로 선정하는 경우 수의계약의 방식으로 한다.

⑤ 조성토지 등의 가격을 평가할 때에는 토지평가협의회의 심의를 거쳐 결정하여야 한다.

[정답] ②

40 도시개발법령상 토지상환채권의 발행에 관한 설명으로 옳은 것은?

① 토지상환채권을 상환하는 경우 사업 시행으로 조성된 건축물로 상환할 수 없다.

② 토지상환채권의 이율은 발행당시의 은행의 예금금리 및 부동산 수급상황을 고려하여 지정권자가 정한다.

③ 시행자는 토지상환채권을 발행하려면 미리 행정안전부장관의 승인을 받아야 한다.

④ 토지상환채권을 질권의 목적으로 하는 경우에는 질권자의 성명과 주소가 토지상환채권원부에 기재되지 아니하면 질권자는 발행자 및 그 밖의 제3자에게 대항하지 못한다.

⑤ 한국토지주택공사는 대통령령으로 정하는 금융기관 등으로부터 지급보증을 받은 경우에만 토지상환채권을 발행할 수 있다.

[정답] ④

30 핵심논점 ▶ **원형지의 공급**

① 원형지개발자 지정: 지정권자 승인
  ㉠ 국가 또는 지방자치단체, **공공기관**, 지방공사
  ㉡ **공모**에서 선정된 자
  ㉢ 학교·**공장** 등의 부지로 직접 사용하는 자
② 원형지 공급규모: 전체 토지 면적의 **1/3 이내**
③ **원형지개발자의 선정**: **수의계약**
  ─ 학교·공장 등의 부지로 직접 사용: 경쟁입찰
④ 원형지 매각제한(**국가·지자체 제외**): 10년 범위 내
  ㉠ 공사완료 공고일부터 5년
  ㉡ 계약일부터 10년
⑤ 가격: 시행자와 원형지개발자의 **협의가격**

41 도시개발법령상 원형지의 공급과 개발에 관한 설명으로 틀린 것은?

① 원형지개발자의 선정은 수의계약의 방법으로 하는 것이 원칙이다.

② 지방자치단체가 원형지 개발자인 경우 10년의 범위에서 대통령령이 정하는 기간 안에는 원형지를 매각할 수 없다.

③ 공급될 수 있는 원형지는 도시개발구역 전체 토지면적의 3분의 1 이내로 한정한다.

④ 원형지 공급가격은 개발계획이 반영된 원형지의 감정가격에 시행자가 원형지에 설치한 기반시설 등의 공사비를 더한 금액을 기준으로 시행자와 원형지개발자가 협의하여 결정한다.

⑤ 원형지개발자가 세부계획에서 정한 착수기한 안에 공사에 착수하지 아니하는 경우에는 공급계약을 해제할 수 있다.

[정답] ②

① 공급계획을 **지정권자에게 제출**

② 공급기준 : 실시계획에 따라 공급

　－ 공급대상자의 자격제한, 조건부 공급 가능

③ 공급방법

　㉠ **원칙 : 경쟁입찰**

　㉡ **추첨** : 국민주택규모 이하 주택건설용지, 공공택지, 330m² 이하의 단독주택용지, 공장용지

　㉢ **수의계약** : 일반분양할 수 없는 용지(학교용지 등), 공급대상자가 선정되어 있는 경우(토지상환채권 등)

④ 공급가격

　㉠ **원칙 : 감정가격**

　㉡ 예외 : 감정가격 이하 － 학교, 폐기물처리시설 등

42 도시개발법령상 도시개발사업의 시행으로 인하여 조성된 토지 등의 공급방법이다. 틀린 것은?

① 시행자(지정권자 제외)는 조성토지 등을 공급하고자 하는 때에는 조성토지 등의 공급계획을 작성 또는 변경하여 지정권자에게 제출하여야 한다.

② 조성토지 등의 공급은 경쟁입찰의 방법에 따른다.

③ 시행자는 학교, 폐기물처리시설, 이주단지의 조성을 위한 토지를 공급하는 경우에는 감정평가법인 등이 평가한 가격 이하로 공급할 수 있다.

④ 330m² 이하의 단독주택용지는 경쟁입찰 방법으로 공급하여야 한다.

⑤ 토지상환채권에 의하여 토지를 상환하는 경우 수의계약의 방법으로 조성토지 등을 공급할 수 있다.

[정답] ④

⑴ **절차** : 공사완료공고·공람(14일) ⇨ 의견제출 ⇨ 준공검사 ⇨ 환지처분(60일 이내)

　cf. 지정권자가 시행자인 경우 : 공사완료공고가 있는 때부터 60일

⑵ **환지처분의 효과**

① 환지는 환지처분 공고일의 **다음 날**부터 종전의 토지로 본다.

② 환지를 정하지 아니한 토지의 권리는 환지처분이 공고된 날이 **끝나는 때에 소멸**

③ 행정상·재판상 처분 : 종전 토지에 존속

④ 지역권 : 종전 토지에 존속, 행사이익이 없어진 경우 환지처분 공고일이 **끝나는 때에 소멸**

⑤ 입체환지 : 환지처분 공고일의 **다음 날** 취득

⑥ 체비지·보류지

　㉠ **체비지는 시행자가**, **보류지는 환지계획으로 정한자가** 환지처분 공고일의 **다음 날에 취득**

　㉡ **이미** 처분된 체비지는 그 체비지를 매입한 자가 소유권 이전**등기**를 마친 때에 취득한다.

⑦ 청산금 : 환지처분 공고일의 **다음 날에 확정**

43 도시개발법령상 환지방식에 의한 사업시행에 관한 설명으로 옳은 것은?

① 환지계획에서 정하여진 환지는 그 환지처분이 공고된 날부터 종전의 토지로 본다.

② 체비지는 환지계획에서 정한 자가 환지처분이 공고된 날에 소유권을 취득한다.

③ 과소토지여서 환지대상에서 제외한 토지에 대하여는 청산금을 교부하는 때에 청산금을 결정할 수 있다.

④ 도시개발사업의 시행으로 행사할 이익이 없어진 지역권은 환지처분이 공고된 날의 다음 날이 끝나는 때에 소멸한다.

⑤ 환지처분은 행정상 처분으로서 종전의 토지에 전속(專屬)하는 것에 관하여 영향을 미친다.

[정답] ③

33 핵심논점 ▷ 도시개발채권

① 발행자 : **지방자치단체의 장(시·도지사)**
② 발행방법 : **등록발행** 또는 **무기명**으로 발행
③ 발행절차 : **행정안전부장관의 승인**을 받아야 한다.
④ **이율** : 시·도의 **조례**로 정한다.
⑤ **상환기간** : **5년부터 10년까지**의 범위 안에서 지방자치단체의 조례로 정한다.
⑥ 소멸시효 : 원금 – 5년, 이자 – 2년

44 도시개발법령상 도시개발채권에 관한 설명으로 옳은 것은?

① 도시개발조합은 도시·군계획시설사업에 필요한 자금을 조달하기 위하여 도시개발채권을 발행할 수 있다.
② 이율은 채권의 발행 당시의 국채·공채 등의 금리 등을 고려하여 발행자가 정한다.
③ 도시개발채권은 기명증권으로 발행한다.
④ 시·도지사가 도시개발채권을 발행하는 경우 상환방법 및 절차에 대하여 행정안전부장관의 승인을 받아야 한다.
⑤ 도시개발채권의 소멸시효는 상환일부터 기산하여 원금은 3년, 이자는 2년으로 한다.

[정답] ④

MEMO

도시 및 주거환경정비법

34 핵심논점 ▶ 정비법의 용어

① 정비사업

사업명	내 용
주거환경개선사업	– **저소득주민**, 시설 **극히** 열악, 노후·불량건축물 **과도** 밀집 – **단독·다세대** 밀집, 시설확충
재개발사업	– 시설 **열악**, 노후·불량건축물 **밀집** – **상업·공업**지역, 도시기능 회복
재건축사업	시설 **양호**, 노후·불량건축물인 공동주택 밀집

② 토지등소유자 : 정비구역에 위치

사업명	내 용
주거환경개선사업 재개발사업	토지 또는 건축물의 소유자 또는 그 지상권자
재건축사업	건축물 및 그 부속토지의 소유자

③ 노후·불량건축물
　㉠ 붕괴 그 밖의 안전사고의 우려
　㉡ 중대한 기능적 결함, 부실시공으로 구조적 결함
　㉢ **40년까지** 사용하기 위한 **보수·보강비용**이 철거 후 신축하는 비용보다 클 것으로 예상되는 건축물
　㉣ **노후화**된 건축물 – 조례로 정하는 기간(준공 후 **20년 이상 30년 이하**)이 지난 건축물

④ 정비기반시설 : 도로, 공원, 공공공지, 광장, 녹지, 공용주차장, 공동구, 상·하수도, 열·가스 등의 공급시설 등

⑤ 공동이용시설 : 놀이터, 마을회관, 공동작업장, 공동으로 사용하는 수도·구판장 등

⑥ 대지 : 정비사업으로 조성된 토지

⑦ 토지주택공사등 : 한국토지주택공사 또는 지방공사

---

45 도시 및 주거환경정비법령상의 용어 및 내용에 대한 설명 중 옳은 것은?

① 주거환경개선사업이란 정비기반시설이 열악하고 노후·불량건축물이 밀집한 지역에서 주거환경을 개선하는 사업을 말한다.

② 상업지역·공업지역 등에서 도시기능의 회복 및 상권활성화 등을 위하여 도시환경을 개선하기 위한 사업은 재개발사업에 해당한다.

③ 준공일 기준으로 20년까지 사용하기 위한 보수·보강비용이 철거 후 신축비용보다 큰 건축물은 노후·불량건축물에 해당한다.

④ 공용주차장은 공동이용시설에 해당한다.

⑤ 주거환경개선사업의 경우 토지등소유자란 정비구역안에 소재한 토지 또는 건축물의 소유자 또는 그 임차권자를 말한다.

[정답] ②

46 도시 및 주거환경정비법령상 정비기반시설이 아닌 것을 모두 고른 것은?
(단, 주거환경개선사업을 위하여 지정·고시된 정비구역이 아님)

㉠ 광장	㉡ 구거(構渠)	㉢ 놀이터
㉣ 녹지	㉤ 공동구	㉥ 마을회관

① ㉠, ㉡　　　　　　② ㉡, ㉢　　　　　　③ ㉢, ㉥
④ ㉣, ㉤　　　　　　⑤ ㉤, ㉥

[정답] ③

① 수립권자: 특별시장·광역시장 또는 시장
② 수립단위: 10년 단위로 수립
③ 수립예외: 도지사가 인정하는 대도시 아닌 시
④ 기본계획의 작성기준: 국토교통부장관
⑤ 타당성 검토: 5년마다
⑥ 수립절차: 주민공람(14일) - 의회의견(60일 내 의견제시) - 협의 - 심의 - 고시·열람 - 보고
　㉠ 승인: 시장(대도시 시장 제외) ➪ 도지사
　㉡ 보고: 기본계획의 수립권자 ➪ 국토교통부장관

47 도시 및 주거환경정비법령상 도시·주거환경정비기본계획(이하 '기본계획'이라 한다)에 대한 설명으로 옳은 것은?
① 기본계획은 특별시장·광역시장·시장 또는 군수가 수립한다.
② 특별시장이 기본계획을 수립한 때에는 국토교통부장관의 승인을 받아야 한다.
③ 기본계획에 대하여는 3년마다 그 타당성 여부를 검토하여 그 결과를 기본계획에 반영하여야 한다.
④ 기본계획을 수립 또는 변경하고자 하는 때에는 14일 이상 주민에게 공람하여야 한다.
⑤ 기본계획을 수립하고자 하는 때에는 지방의회의 의견을 들어야 하며, 지방의회는 기본계획이 통지된 날부터 30일 이내에 의견을 제시하여야 한다.
[정답] ④

① 허가대상: 시장·군수 등의 허가
　㉠ 건축물의 건축(**가설건축물 포함**), 용도변경
　㉡ 공작물의 설치
　㉢ 토지의 형질변경
　㉣ 토석의 채취
　㉤ 토지분할
　㉥ 물건을 쌓아 놓는 행위(1월 이상)
　㉦ **죽목의 벌채 및 식재**
② 허가예외
　㉠ 재해복구 또는 재난수습에 필요한 응급조치
　㉡ 붕괴 등 안전사고의 우려가 있는 건축물에 대한 안전조치
　㉢ 농림수산물의 생산에 직접 이용되는 간이공작물의 설치
　㉣ 경작을 위한 토지의 형질변경
　㉤ 개발에 지장을 주지 아니하고 자연경관을 손상하지 아니하는 토석의 채취
　㉥ 정비구역에 존치하기로 결정된 대지에 물건을 쌓아놓는 행위
　㉦ 관상용 죽목의 임시식재(**경작지에서의 임시식재는 제외한다**)

48 도시 및 주거환경정비법령상 정비구역 안에서 시장·군수등의 허가를 받아야 하는 행위가 아닌 것은? (단, 재해복구 또는 재난수습과 관련 없는 행위임)
① 정비구역 안에 존치하기로 결정된 대지 안에서 물건을 쌓아놓는 행위
③ 토지분할
④ 가설건축물의 건축
② 공유수면의 매립
⑤ 경작지에서 관상용 죽목의 임시식재
[정답] ①

(1) 의무적 해제

① **예정일**부터 **3년** 내 정비**구역 지정**(신청) ✕

② 조합이 시행하는 재개발사업·재건축사업

　㉠ **구역** 지정·고시일 ⇨ **2년** 내 **추진위원회** 승인신청 ✕

　㉡ **구역** 지정·고시일 ⇨ **3년** 내 **조합**설립인가 신청 ✕

　㉢ **추진위원회** 승인일 ⇨ **2년** 내 **조합**설립인가 신청 ✕

　㉣ **조합**설립인가일 ⇨ **3년** 내 **사업시행계획**인가 신청 ✕

③ 토지등소유자가 시행하는 재개발사업 : **구역** 지정·고시일 ⇨ **5년** 내 **사업시행계획**인가 신청 ✕

(2) 임의적 해제(지정권자의 직권, 해제할 수 있다)

① 토지등소유자의 과도한 부담

② 지정 목적을 달성할 수 없다고 인정하는 경우

③ **주거환경개선사업** : **10년** 경과, **과반수** 동의

④ **추진위원회가 구성되지 않은** 구역 : **30% 이상**이 해제요청

⑤ **추진위원회·조합이 설립된** 구역 : 토지등소유자 **과반수** 동의로 해제요청

49 도시 및 주거환경정비법령상 정비구역의 해제사유에 해당하는 것은?

① 조합의 재건축사업의 경우, 토지등소유자가 정비구역으로 지정·고시된 날부터 1년이 되는 날까지 조합설립추진위원회의 승인을 신청하지 않은 경우

② 조합의 재건축사업의 경우, 토지등소유자가 정비구역으로 지정·고시된 날부터 2년이 되는 날까지 조합설립인가를 신청하지 않은 경우

③ 조합의 재건축사업의 경우, 조합설립추진위원회가 추진위원회 승인일부터 1년이 되는 날까지 조합설립인가를 신청하지 않은 경우

④ 토지등소유자가 재개발사업을 시행하는 경우로서 토지등소유자가 정비구역으로 지정·고시된 날부터 5년이 되는 날까지 사업시행계획인가를 신청하지 않은 경우

⑤ 조합설립추진위원회가 구성된 구역에서 토지등소유자의 100분의 20이 정비구역의 해제를 요청한 경우

[정답] ④

---

① **안전진단의 실시의무** : 정비계획의 **입안권자**

② **시기** : 수립시기가 도래한 때(직권실시)

　㉠ 요청에 의한 실시 : **1/10 이상의 동의**

　㉡ **비용** : 요청하는 자에게 **부담하게 할 수 있다.**

③ 진단대상 : **주택단지의 건축물**

　🔒 **진단대상**에서 **제외(입안권자가 인정)** : 붕괴, 사용금지, 잔여 건축물, 기반시설 위의 건축물

④ 안전**진단**의 **실시여부 결정** 등

　㉠ **입안권자**가 결정 ⇨ 안전진단기관에 의뢰

　㉡ 결과보고서 제출 : 진단기관 ⇨ 입안권자, 요청한 자

　㉢ 진단 실시여부 통보 : **30일** 이내에 요청인에게

⑤ 정비계획의 **입안 여부 결정** : **입안권자**

　㉠ 결정내용 및 결과보고서 제출 : 입안권자 ⇨ 특별시장·광역시장·도지사

　㉡ **시·도지사** : 입안권자에게 조치를 **요청**

　㉢ **국토교통부장관** : 시·도지사에게 자료제출·검토 **요청**

50 도시 및 주거환경정비법령상 재건축사업의 안전진단에 대한 설명으로 옳은 것은?

① 재건축사업의 안전진단은 주택단지 내의 공동주택을 대상으로 한다.

② 주택의 구조안전상 사용금지가 필요하다고 시·도지사가 인정하는 건축물은 안전진단 대상에서 제외할 수 있다.

③ 정비계획의 입안권자는 안전진단의 요청이 있는 때에는 요청일부터 30일 이내에 국토교통부장관이 정하는 바에 따라 안전진단의 실시여부를 결정하여 요청인에게 통보하여야 한다.

④ 시·도지사는 안전진단의 결과와 도시계획 및 지역여건 등을 종합적으로 검토하여 정비계획의 입안 여부를 결정하여야 한다.

⑤ 안전진단에 드는 비용은 안전진단을 요청하는 자가 부담하는 것이 원칙이다.

[정답] ③

구 분	사업시행방법
주거환경 개선사업	① 시행자가 기반시설 설치, 토지등소유자가 스스로 주택 개량 ② 수용 ⇨ 주택 또는 대지 공급 ③ 환지로 공급 ④ **관리처분**계획에 따라 **주택** 공급
재개발 사업	① **관리처분**계획에 따라 **건축물** 공급 ② 환지로 공급
재건축 사업	**관리처분**계획에 따라 **주택 및 오피스텔** 공급(오피스텔은 **준주거지**역, **상업**지역에서 전체 연면적의 **30%** 이하로 공급)

51 도시 및 주거환경정비법상 정비사업의 시행방법에 관한 설명으로 옳은 것은?

① 주거환경개선사업의 경우 관리처분계획에 따라 주택을 건설하여 공급하는 방법은 허용되지 않는다.

② 재개발사업은 정비구역에서 인가받은 관리처분계획에 따라 건축물을 건설하여 공급하거나, 환지로 공급하는 방법으로 한다.

③ 재건축사업의 시행자가 정비구역의 전부를 수용하여 주택을 건설한 후 토지등소유자에게 공급하는 방법으로 시행할 수 있다.

④ 재건축사업은 환지로 공급하는 방법으로도 시행할 수 있다.

⑤ 재건축사업으로 공급하는 오피스텔은 전체 건축물 연면적의 100분의 20 이하이어야 한다.

[정답] ②

구 분	사업시행자
주거 환경 개선 사업	〈스스로 개량 방식인 경우〉 ① 시장·군수등이 시행 ② 토지주택공사등을 시행자로 지정(과반수 동의) 〈수용, 환지, 관리처분방식인 경우〉 ① 시장·군수 등이 시행 ② 토지주택공사등 또는 공공출자법인을 시행자로 지정 ③ 공동시행자 지정(② + 건설업자·등록사업자) 🔒 **동의**: 토지등소유자 **2/3이상** + **세입자** 세대수 **과반수** － 세입자 동의 **예외**: 세입자가 토지등소유자의 **1/2 이하**인 경우 － 천재·지변 등으로 긴급 ⇨ 동의 ×
재개발 사업	① **조합**이 시행, **공동시행**(**과반수** 동의, 시장·군수 등, 토지주택공사 등, 등록업자, 건설업자, 신탁업자, 한국부동산원) ② **토지등소유자가 20명 미만**이 경우 토지등소유자가 시행
재건축 사업	**조합**이 시행, **공동시행**(**과반수** 동의, 시장·군수등, 토지주택공사등, 등록업자, 건설업자)

52 도시 및 주거환경정비법령상 정비사업의 시행방법 및 시행자에 관한 설명으로 옳은 것은?

① 주거환경개선사업은 사업시행자가 정비구역에서 인가받은 관리처분계획에 따라 주택 및 부대시설·복리시설을 건설하여 공급하는 방법으로도 시행할 수 있다.

② 주거환경개선사업은 조합이 시행하는 것이 원칙이다.

③ 재건축사업을 조합이 시장·군수등과 공동으로 시행하려면 조합원의 3분의 2 이상의 동의를 받아야 한다.

④ 재건축사업의 토지등소유자가 30명 미만인 경우 조합을 구성하지 아니하고 토지등소유자가 시행할 수 있다.

⑤ 준공업지역에서 재건축사업을 시행하는 경우 관리처분계획에 따라 오피스텔을 건설하여 공급할 수 있다.

[정답] ①

41 핵심논점 **시공자 선정**

① 조합 : 조합설립인가 후, 경쟁입찰 또는 수의계약(2회 이상 유찰된 경우로 한정) 방법으로 선정

② 예외

ㄱ 조합원수가 **100인 이하** : **정관**에 따라 선정

ㄴ **토지등소유자**가 시행하는 재개발사업 : **사업시행계획인가** 후 **규약**에 따라 선정

ㄷ **시장·군수등**, 토지주택공사등 : **시행자지정 고시** 후 선정

③ 시공자와 계약 : 철거 공사에 관한 사항을 포함

53 도시 및 주거환경정비법령상 시공자의 선정 등에 관한 내용으로 옳은 것은?

① 추진위원회 승인을 받은 후 시공자를 선정하는 것이 원칙이다.

② 조합원이 200명 이하의 경우에는 정관으로 정하는 바에 따라 선정할 수 있다.

③ 재개발사업을 토지등소유자가 시행하는 경우 사업시행계획인가를 받은 후 경쟁입찰의 방법으로 시공자를 선정하여야 한다.

④ 시장·군수등이 정비사업을 시행하는 경우 사업시행계획인가를 받은 후 시공자를 선정하여야 한다.

⑤ 사업시행자는 선정된 시공자와 공사에 관한 계약을 체결할 때에는 기존 건축물의 철거 공사에 관한 사항을 포함하여야 한다.

[정답] ⑤

42 핵심논점 **정비사업조합의 임원, 대의원회**

[정비사업조합의 임원]

① 임원의 구성 : 조합장, 이사, 감사

– 조합장 또는 이사의 자기를 위한 조합과의 계약·소송은 감사가 조합을 대표

– 이사의 수 : 3인 이상(100명 초과시 5인)

② 조합임원의 임기 : 3년 이하, 연임할 수 있다.

③ 임원의 결격사유

ㄱ 미성년자, 피성년후견인, 피한정후견인

ㄴ 파산선고 후 복권되지 아니한 자

ㄷ 금고 이상의 형을 선고받고 집행종료·면제 후 2년이 지나지 아니한 자

ㄹ 금고 이상의 형의 집행유예 기간 중에 있는 자

ㅁ **벌금 100만원 이상**의 형을 선고받고 **10년**이 지나지 아니한 자

④ 임원이 결격사유에 해당하게 되면 당연퇴임

[대의원회]

① 조합원 수가 **100인 이상** ⇨ 대의원회를 **두어야 한다.**

② 대행할 수 없는 사항 : 정관, 임원, 합병, 해산

③ **조합장이 아닌 임원**은 대의원이 될 수 없다.

54 도시 및 주거환경정비법령상 조합임원에 관한 설명으로 옳은 것은?

① 토지등소유자의 수가 100명 미만인 조합에는 감사를 두지 않을 수 있다.

② 조합임원이 결격사유에 해당되어 퇴임되더라도 퇴임 전에 관여한 행위는 그 효력을 잃지 않는다.

③ 조합장의 자기를 위한 조합과의 소송에 관하여는 이사가 조합을 대표한다.

④ 조합임원은 같은 목적의 정비사업을 하는 다른 조합의 임원을 겸할 수 있다.

⑤ 조합장을 포함하여 조합임원은 조합의 대의원이 될 수 없다.

[정답] ②

38

① **재개발사업**: 토지등소유자의 **3/4 이상** 및 토지면적의 **1/2 이상**의 토지소유자의 동의

② **단지 안의 재건축사업**: **동별** 구분소유자의 **과반수** 동의와 **전체** 구분소유자의 **3/4 이상** 및 토지면적의 **3/4 이상**의 토지소유자의 동의

③ **단지 밖의 재건축사업**: 토지·건축물 소유자의 **3/4 이상** 및 토지면적 **2/3 이상**의 토지소유자의 동의

④ 인가받은 사항의 **변경**: **총회의결(2/3 이상의 찬성)**, 시장·군수 등의 **인가**
  − 경미한 변경: 총회의결 없이 신고

⑤ 동의 산정기준
  ㉠ 공유: 3/4 이상의 동의를 받은 대표 1인을 토지등소유자로 산정
  ㉡ 1인이 다수 필지·건축물 소유: 1인으로 산정
  ㉢ 토지 + 지상권: 대표 1인 토지등소유자로 산정
  cf. **토지소유자와 건축물 소유자가 다른 경우**: **각각 1인으로 산정**

55 도시 및 주거환경정비법령상 조합설립 등에 관하여 (   )에 들어갈 내용을 바르게 나열한 것은?

> • 재개발사업의 추진위원회가 조합을 설립하려면 토지등소유자의 (㉠) 이상 및 토지면적의 (㉡) 이상의 토지소유자의 동의를 받아 시장·군수등의 인가를 받아야 한다.
> • 조합이 정관의 기재사항 중 조합원의 자격에 관한 사항을 변경하려는 경우에는 총회를 개최하여 조합원 (㉢) (이상)의 찬성으로 시장·군수 등의 인가를 받아야 한다.

① ㉠: 3분의 2, ㉡: 3분의 1, ㉢: 3분의 2
② ㉠: 3분의 2, ㉡: 2분의 1, ㉢: 과반수
③ ㉠: 4분의 3, ㉡: 3분의 1, ㉢: 과반수
④ ㉠: 4분의 3, ㉡: 2분의 1, ㉢: 3분의 2
⑤ ㉠: 4분의 3, ㉡: 3분의 2, ㉢: 과반수

[정답] ④

[임시거주시설의 설치]

① **임시거주조치** 의무: **주거환경개선사업, 재개발사업** ⇨ 임시거주에 상응하는 조치를 하여야 한다.

② 일시사용: 국가·지방자치단체·공공단체 또는 개인의 시설이나 토지

③ 거절금지 및 사용료 대부료 면제: **국가 또는 지자체**(제3자와의 매매계약 등의 예외 있음)

④ 원상회복: 30일 이내

⑤ 공공단체·개인: 손실을 보상하여야 한다.

[재건축사업의 매도청구]

① 매도청구대상
  ㉠ 조합설립 등의 동의를 하지 아니한 자
  ㉡ 건축물 또는 토지만 소유한 자

② 매도청구의 절차: 촉구(30일) ⇨ 회답(2개월) ⇨ 매도청구(2개월)

56 도시 및 주거환경정비법령상 정비사업에 관한 설명으로 틀린 것은?

① 사업시행자는 재건축사업을 시행할 때 건축물 또는 토지만 소유한 자의 토지 또는 건축물에 대하여 매도청구할 수 있다.

② 사업시행자는 재건축사업의 시행으로 철거되는 주택의 소유자 또는 세입자에 대하여 주택자금의 융자알선 등 임시거주에 상응하는 조치를 하여야 한다.

③ 재개발사업의 사업시행자는 사업시행으로 이주하는 상가세입자가 사용할 수 있도록 정비구역 또는 정비구역의 인근에 임시상가를 설치할 수 있다.

④ 재건축사업을 시행하는 경우 조합설립인가일 현재 조합원 전체의 공동소유인 토지 또는 건축물은 조합 소유의 토지 또는 건축물로 본다.

⑤ 정비사업의 시행으로 인하여 지상권·전세권 또는 임차권의 설정목적을 달성할 수 없는 때에는 그 권리자는 계약을 해지할 수 있다.

[정답] ②

(1) **분양공고·통지** : 사업시행계획인가·고시일부터 120일

(2) **분양신청기간** : 통지한 날부터 30일 이상 60일 이내, 연장 20일

(3) **분양신청** : 분양신청기간 이내, 사업시행자에게

(4) **투기과열지구에서 분양신청 제한** : 관리처분계획에 따른 분양대상자 선정일부터 5년 이내 분양신청 금지(상속, 결혼, 이혼에 의한 경우 제외)

(5) **분양신청을 하지 않은 자에 대한 조치**

① 보상협의 : 관리처분계획이 인가·고시된 다음 날부터 90일 이내

② 수용재결신청, 매도청구소송 : 협의기간의 만료일 다음 날부터 60일 이내

57 도시 및 주거환경정비법령상 관리처분계획에 관한 설명으로 옳은 것은?

① 사업시행자는 사업시행계획인가의 고시가 있은 날부터 90일 이내에 개략적인 부담금내역 및 분양신청기간 등을 토지등소유자에게 통지하여야 한다.

② 분양신청기간은 통지한 날부터 20일 이상 30일 이내로 하여야 한다.

③ 대지 또는 건축물에 대한 분양을 받고자 하는 토지등소유자는 시장·군수에게 분양신청을 하여야 한다.

④ 사업시행자는 분양신청을 하지 아니한 자에 대해서는 관리처분계획이 인가·고시된 다음 날부터 90일 이내에 토지·건축물 또는 그 밖의 권리의 손실보상에 관한 협의를 하여야 한다.

⑤ 투기과열지구의 정비사업에서 관리처분계획에 따른 분양대상자는 분양대상자 선정일부터 10년 이내에는 투기과열지구에서 분양신청을 할 수 없다.

[정답] ④

① 종전 토지·건축물의 면적·이용상황·환경 그 밖의 사항을 종합적으로 고려

② 넓히거나 좁혀 적정 규모가 되도록 한다.

③ 너무 좁은 토지·건축물, 구역 지정후 분할된 토지 : 현금으로 청산

④ 너무 좁은 토지를 넓혀 토지를 갈음하여 보상을 하거나 건축물의 일부와 대지의 공유지분을 교부

⑤ **분양설계** : 분양신청기간이 **만료되는 날을 기준**

⑥ **주택의 공급** : 1주택 공급 원칙

ㄱ 토지공유 : 조례에 따라 주택을 공급

ㄴ 소유한 **주택수만큼** 공급할 수 있다.
  ○ 과밀억제권역 밖의 **재건축사업**
  ○ 근로자숙소·기숙사, 국가, 지방자치단체 등

ㄷ **종전 가격의 범위에서 2주택** : 1주택은 60m² 이하(**전매제한** – 이전고시일 다음 날부터 **3년**)

ㄹ **과밀억제권역의 재건축사업** : 3주택까지 공급

cf. **투기과열지구·조정대상지역**의 재건축 : 1주택

58 도시 및 주거환경정비법령상 관리처분계획에 관한 설명으로 옳은 것은?

① 너무 좁은 토지라도 토지등소유자가 동의하지 아니하면 현금으로 청산할 수 없다.

② 분양설계에 관한 계획은 분양신청기간이 만료하는 날을 기준으로 하여 수립한다.

③ 사업시행자는 관리처분계획을 변경·중지 또는 폐지하려는 경우에는 시장·군수등에게 신고하여야 한다.

④ 과밀억제권역에 위치한 재건축사업의 토지등소유자에게는 소유한 주택수만큼 공급할 수 있다.

⑤ 재개발사업의 경우 관리처분은 조합이 조합원 전원의 동의를 받아 그 기준을 따로 정하는 경우에는 그에 따른다.

[정답] ②

① 청산금의 징수·교부시기 : 이전고시 후

② 분할징수 및 분할지급 : 정관 등에서 정하고 있거나 총회 의결을 거쳐 따로 정한 경우

③ 강제징수 : 납부하지 아니하는 경우

　㉠ 시장·군수 등 : 강제징수

　㉡ 시장·군수 등이 아닌 시행자 : 시장·군수등에게 징수위탁(수수료 : 4%)

④ 청산금의 수령거부 : 공탁

⑤ 소멸시효 : 이전고시일 다음 날부터 5년

⑥ 저당권의 물상대위 : 청산금에 대하여 저당권을 행사 가능

59 **도시 및 주거환경정비법령상 청산금에 대한 설명으로 틀린 것은?**

① 청산금은 소유권 이전의 고시가 있은 후에 징수하거나 지급하는 것이 원칙이다.

② 청산금은 종전에 소유하고 있던 토지 또는 건축물의 가격과 분양받은 대지 또는 건축물의 가격은 그 토지 또는 건축물의 규모·위치·용도·이용상황·정비사업비 등을 참작하여 평가하여야 한다.

③ 청산금을 납부할 자가 이를 납부하지 아니하는 경우에는 시장·군수 등이 아닌 사업시행자는 지방세체납처분의 예에 의하여 이를 강제징수할 수 있다.

④ 청산금을 지급받을 자가 이를 받을 수 없거나 거부한 때에는 사업시행자는 그 청산금을 공탁할 수 있다.

⑤ 청산금을 지급받을 권리 또는 이를 징수할 권리는 소유권이전의 고시일 다음 날부터 5년간 이를 행사하지 아니하면 소멸한다.

[정답] ③

MEMO

건축법

(1) **리모델링** : 대수선, 일부 증축 또는 **개축**

(2) **지하층** : 바닥으로부터 지표면까지의 **평균높이**가 당해 **층높이**의 1/2 이상인 것

    — 지하층은 층수, 용적률 산정시 연면적에서 제외

(3) **주요구조부** : **바닥**, **지붕틀**, **보**, **내력벽**, **주계단**, **기둥**

(5) **고층 건축물** : 30층 이상이거나 120m 이상

(4) **초고층 건축물** : 50층 이상이거나 200미터 이상

(6) **준초고층 건축물** : 고층건축물 중 초고층 아닌 것

(7) **다중이용 건축물** : ① 5천제곱미터 이상인 **종교시설**, **종합병원**, **여객용** 시설, **관광**
    숙박시설, **문화 및 집회시설**(동·식물원 제외), **판매시설** ② 16층 이상인 건축물

(8) **특수구조 건축물** : ① 한쪽 끝만 고정된 구조물(보·차양 등)이 **3미터** 이상
    돌출된 건축물 ② **기둥과 기둥** 사이의 거리가 **20미터** 이상인 건축물

(9) **건축물**

    ① 토지에 정착하는 공작물중 지붕과 기둥 또는 벽이 있는 것

    ② 이에 딸린 시설물(대문, 담장 등)

    ③ 지하나 고가의 공작물에 설치하는 사무소·공연장·점포·차고·창고 등

🔒 **건축법이 적용되지 아니하는 건축물**

    ① **지정문화유산**이나 **임시지정문화유산** 등

    ② 철도·궤도 선로부지 안의 **운전보안시설, 보행시설, 플랫트홈, 급탄·급유시설**

    ③ 고속도로 **통행료징수시설**

    ④ **컨테이너** 간이창고(**공장**의 대지에 설치하는 것으로서 **이동**이 **쉬운 것**)

    ⑤ 하천구역 안의 **수문조작실**

🔒 **건축법 적용(신고대상) 공작물**

    옹벽·담장(2m 넘는), 광고·탑(4m 넘는), 철탑·굴뚝(6m 넘는), 고가수조(8m
    넘는), 기계식주차장(8m 이하), 태양에너지(5m 넘는), 지하대피호(30m² 넘는)

🔒 **일부규정 적용배제** : 도시지역, 지구단위계획구역, 동·읍이 아닌 지역

    ① **대지와 도로와의 관계 / 대지의 분할제한**

    ② **도로의 지정·폐지 및 변경**

    ③ **건축선의 지정 / 건축선에 의한 건축제한**

    ④ **방화지구 안의 건축물**

60 건축법령상 용어에 관련된 설명으로 옳은 것은?

    ① 초고층건축물이란 층수가 30층 이상이거나 높이가 120m 이상인 건축물을 말한다.

    ② 기둥과 기둥 사이의 거리가 15미터인 건축물은 특수구조 건물로서 건축물 내진등급의 설정에 관한 규정을 강화하여 적용할 수 있다.

    ③ 16층 이상인 건축물은 다중이용 건축물에 해당된다.

    ④ 이전이란 건축물의 주요구조부를 해체하여 같은 대지의 다른 위치로 옮기는 것을 말한다.

    ⑤ 지하층이란 건축물의 바닥이 지표면 아래에 있는 층으로서 바닥에서 지표면까지 평균높이가 해당 층 높이의 3분의 2 이상인 것을 말한다.

                                     [정답] ③

61 건축법령상 건축물과 관련된 설명으로 옳은 것을 모두 고른 것은?

> ㉠ 도시지역 및 지구단위계획구역 외의 지역으로서 동이나 읍이 아닌 지역은 대지분할제한에 관한 규정을 적용하지 아니한다.
> ㉡ 주요구조부란 내력벽, 기둥, 바닥, 보, 차양 및 주계단을 말한다.
> ㉢ 문화 및 집회시설 중 동물원 용도로 쓰는 바닥면적의 합계가 5천제곱미터 이상인 건축물은 다중이용 건축물에 해당한다.
> ㉣ 고속도로 통행료징수시설은 건축법을 적용하지 아니한다.

  ① ㉠, ㉡   ② ㉠, ㉢   ③ ㉠, ㉣

  ④ ㉡, ㉣   ⑤ ㉢, ㉣

                                       [정답] ③

신축	– 건축물이 **없는** 대지에 **새로** 축조
	– **해체·멸실**된 대지에서 종전 규모 **초과**
	– **부속**건축물만 있는 대지에 새로이 **주된** 건축물을 축조
증축	– 건축면적·연면적·층수·높이의 **증가**
	– 일부 해체·멸실후 종전 규모 초과
개축	– 전부·일부 **해체** 후 종전과 **동일규모로**
재축	– **멸실**된 경우에 종전과 **동일규모로**
이전	– 주요구조부를 **해체**하지 **아니하고**
	– **같은 대지** 안의 다른 위치로 옮기는 것

62 건축법령상 건축에 관한 설명으로 옳은 것은?

① 부속건축물만 있는 대지에 새로 주된 건축물을 축조하는 것은 증축이다.
② 건축물의 주요구조부를 해체하여 같은 대지의 다른 위치로 옮기는 것은 이전이다.
③ 기존 건축물의 전부를 해체하고 그 대지에 종전 규모를 초과하는 건축물을 축조하는 것은 개축이다.
④ 기존 건축물이 멸실된 대지에 종전의 규모를 초과하여 건축하는 것은 신축이다.
⑤ 기존 건축물의 연면적의 증가 없이 높이만을 늘리는 것은 증축이 아니다.

[정답] ④

주요구조부의 수선·변경, 외부형태의 변경

① **방화벽** 또는 방화구획을 위한 **바닥** 또는 벽의 증설·해체, 수선·변경
② **지붕틀**의 증설·해체, 지붕틀을 3개 이상 수선·변경
③ **보**의 증설·해체, 보를 3개 이상 수선·변경
④ **내력벽**의 증설·해체, 내력벽의 벽면적을 30m² 이상 수선·변경
⑤ **주계단·피난계단** 또는 **특별피난계단**의 증설·해체, 수선·변경
⑥ **기둥**의 증설·해체, 기둥을 3개 이상 수선·변경
⑦ 다가구주택 및 다세대주택의 가구·세대간 **경계벽**의 증설·해체, 수선·변경
⑧ 건축물 **외벽**의 **마감재료**를 증설 또는 해체하거나 벽면적 30m² 이상 수선 또는 변경하는 것

63 건축법령상 대수선에 해당하지 않는 것은? (다만, 증축·개축 또는 재축에 해당하지 아니하는 것임)

① 내력벽의 벽면적을 30m² 이상 수선하는 것
② 건축물의 외벽에 사용하는 창문틀을 해체하는 것
③ 기둥을 3개 이상 수선하는 것
④ 특별피난계단을 증설하는 것
⑤ 다세대주택의 세대간 경계벽을 변경하는 것

[정답] ②

구 분		시설군	건축물의 용도
신 고	↑	자동차관련 시설군	자동차관련시설
	↑	산업등 시설군	장례시설, 위험물저장 · 처리시설 자원순환관련시설, 묘지관련시설 창고시설, 공장, 운수시설
	↓ ↑	전기통신시설군	방송통신시설 발전시설
	↓ ↑	문화집회시설군	문화 · 집회시설, 종교시설 관광휴게시설, 위락시설
	↓ ↑	영업시설군	판매시설, 다중생활시설 운동시설, 숙박시설
	↓ ↑	교육 및 복지시설군	노유자시설, 교육연구시설, 수련시설 야영장시설, 의료시설
허 가	↓	근린생활시설군	제1종 근린생활시설 제2종 근린생활시설
	↓	주거업무시설군	단독주택, 공동주택, 업무시설 교정 · 군사시설
		그 밖의시설군	동물 및 식물관련시설

64 건축법령상 특별시에서 기존 건축물의 용도를 변경하고자 하는 경우에 관한 설명으로 옳은 것은?

① 운수시설을 창고시설로 용도변경하는 경우 관할 구청장에게 허가를 받아야 한다.

② 발전시설을 공장으로 용도변경하는 경우 특별시장의 허가를 받아야 한다.

③ 운동시설을 수련시설로 용도변경하는 경우 관할 구청장에게 신고하여야 한다.

④ 숙박시설을 종교시설로 용도변경하는 경우 특별시장에게 신고하여야 한다.

⑤ 업무시설을 교육연구시설로 용도변경하는 경우 특별시장에게 건축물대장 기재내용의 변경을 신청하여야 한다.

[정답] ③

(1) **사전결정의 신청**: 허가대상 건축물을 **건축하려는 자**는 건축허가를 신청하기 전에 **허가권자**에게 사전결정을 신청

(2) **효력상실**: 사전결정 통지일부터 **2년 이내**에 **건축허가를 신청하지 아니하면** 사전결정의 효력이 상실

(3) **의제사항**: 농지전용허가, 개발행위허가, 산지전용허가, 하천점용허가

　－ **보전산지**의 경우 **도시지역** 안에서만 산지전용허가가 의제된다.

65 건축법령상 건축 관련 입지와 규모의 사전결정에 관한 설명으로 틀린 것은?

① 건축허가 대상 건축물을 건축하려는 자는 건축허가를 신청하기 전에 허가권자에게 해당 대지에 건축 가능한 건축물의 규모에 대한 사전결정을 신청할 수 있다.

② 사전결정신청자는 건축위원회 심의와 「도시교통정비 촉진법」에 따른 교통영향평가서의 검토를 동시에 신청할 수 있다.

③ 허가권자는 사전결정이 신청된 건축물의 대지면적이 「환경영향평가법」에 따른 소규모 환경영향평가 대상사업인 경우 환경부장관이나 지방환경관서의 장과 소규모 환경영향평가에 관한 협의를 하여야 한다.

④ 사전결정신청자가 사전결정 통지를 받은 경우에는 「하천법」에 따른 하천점용허가를 받은 것으로 본다.

⑤ 사전결정신청자는 사전결정을 통지받은 날부터 2년 이내에 건축허가를 받아야 하며, 이 기간에 건축허가를 받지 아니하면 사전결정의 효력은 상실된다.

[정답] ⑤

(1) 허가권자

① 원칙: 시장·군수·구청장의 허가

② 예외: **특별시장**이나 **광역시장**의 허가

    ㉠ 층수가 **21층** 이상이거나

    ㉡ 연면적의 합계가 **10만㎡** 이상인 건축물

        ○ 연면적 3/10 이상 증축 포함, 공장·창고 제외

(2) **건축허가의 취소**(하여야 한다)

① 취소사유

    ㉠ 허가를 받은 날부터 **2년**(공장은 3년) 이내에 공사에 **착수하지 아니한** 경우

    ㉡ **공사완료**가 불가능한 경우

    ㉢ 착공신고 전에 **대지소유권** 상실: **6개월**이 경과 + 공사의 착수가 불가능

② 착수기간의 **연장**: 1년 범위 내, cf. 횟수제한 ✕

(3) **건축허가의 제한**: 착공제한 포함

① 제한권자

    ㉠ **국토교통부장관**: 국토관리, **장관의 요청**

    ㉡ 시·도지사(특·광·도): 지역계획

② 제한기간: **2년** 이내, 1회 한하여 **1년** 범위 내 **연장**

③ 제한절차: 주민의견 ⇨ 심의 ⇨ **공고(허가권자)**

④ 보고: 시·도지사 ⇨ 국토교통부장관 cf. 국토교통부장관은 해제를 명할 수 있다.

---

66 건축법상 건축허가에 관한 설명으로 옳은 것은?

① 건축허가에 관한 권한은 시장·군수·구청장의 고유권한이다.

② 특별시장·광역시장·도지사는 주무부장관이 요청하면 허가권자의 건축허가나 허가를 받은 건축물의 착공을 제한할 수 있다.

③ 허가권자는 건축허가를 받은 후 1년 이내에 착수하지 아니한 경우 건축허가를 취소할 수 있다.

④ 허가권자는 숙박시설에 해당하는 건축물이 주거환경 등 주변환경을 감안할 때 부적합하다고 인정하는 경우 건축위원회의 심의를 거쳐 건축허가를 하지 아니할 수 있다.

⑤ 시장·군수·구청장은 21층 이상의 건축물을 허가하는 경우 시·도지사의 사전승인을 받아야 한다.

[정답] ④

(I) **신고대상**(신고하면 건축허가가 의제)

① **바닥면적의 합계가 85m² 이내의 증축 · 개축 · 재축(3층 이상**인 건축물은 연면 적의 **1/10 이내로 한정**)

② 관리지역 · 농림지역 · 자연환경보전지역에서 **연면적 200m² 미만, 3층 미만** (지구단위계획구역, 재해취약지역에서의 건축은 제외)

③ **연면적 200m² 미만, 3층 미만**인 건축물의 **대수선**

④ 대수선 중 주요구조부와 관련된 **수선**

⑤ 연면적합계 **100m² 이하**의 건축물

⑥ 건축물의 **높이를 3m 이하**의 범위안에서 증축하는 건축물

⑦ 표준설계도서에 의한 건축물

⑧ 공업지역, 지구단위계획구역, 산업단지에서 건축하는 2층, 연면적 **500m² 이하 공장**

⑨ 읍 · 면지역에서 **농업 · 수산업용** 건축물

　㉠ 창고 : **200m² 이하**

　㉡ 축사 · 작물재배사 : **400m² 이하**

(2) **신고의 효력상실** : 1년 이내에 공사착수 ×

　- 착수기한 연장 : 1년

67 건축법령상 허가대상 건축물이라 하더라도 건축신고를 하면 건축허가를 받은 것으로 보는 경우가 아닌 것은?

① 연면적이 150제곱미터이고 2층인 건축물의 대수선

② 보를 5개 수선하는 것

③ 내력벽의 면적을 50제곱미터 수선하는 것

④ 소규모 건축물로서 연면적의 합계가 150제곱미터인 건축물의 신축

⑤ 소규모 건축물로서 건축물의 높이를 3미터 증축하는 건축물의 증축

[정답] ④

(I) **허가대상 : 도시 · 군계획시설부지**의 가설건축물

　- **존치기간**은 **3년 이내**일 것, **3층 이하**일 것

(2) **신고대상** 가설건축물

① 신고대상

　㉠ 전시를 위한 견본주택

　㉡ 조립식구조의 **경비용** 가설건축물(**10m² 이하**)

　㉢ 비닐하우스(**100m² 이상**)

　㉣ **야외흡연실** (**50m² 이하**)

② 신고대상 가설건축물의 **존치기간** : 3년 이내

　㉠ 존치기간 **만료 고지** : 시 · 군 · 구가 건축주에게 만료 **30일 전까지**

　㉡ 존치기간 연장

　　○ 허가대상 : **14일 전까지 허가 신청**

　　○ 신고대상 : **7일 전까지 신고**

　　🔒 공장 내 가설건축물 : 신고×

68 건축법령상 가설건축물의 건축에 관한 설명으로 옳은 것은?

① 도시 · 군계획시설 또는 도시 · 군계획시설예정지에서 가설건축물을 건축 하려면 시장 · 군수 · 구청장에게 신고하여야 한다.

② 신고하여야 하는 가설건축물의 존치기간은 2년 이내로 한다.

③ 신고대상인 가설건축물의 존치기간을 연장하려면 존치기간 만료일 14일 전까지 신고를 해야 한다.

④ 공장에 설치한 가설건축물의 존치기간을 연장하려면 기간 만료 7일 전에 연장신고를 해야 한다.

⑤ 특별자치시장 · 특별자치도지사 또는 시장 · 군수 · 구청장은 가설건축물 의 존치기간 만료일 30일 전까지 가설건축물의 건축주에게 존치기간 만 료일 등을 알려야 한다.

[정답] ⑤

(1) 사용승인의 신청

① 신청시기 : **건축주 ⇨ 허가권자**

  ○ 허가 · 신고 건축물의 건축공사 **완료 후**

  ○ **예외** : **동별** 공사를 완료한 경우

② 신청방법 : 공사완료도서, 감리완료보고서 첨부

(2) **사용승인서의 교부** : **7일** 내에 검사 후 교부

  ○ 조례가 정하는 건축물 : 검사없이 사용승인서 교부가능

(3) 건축물의 사용시기

① 원칙 : 사용승인을 얻은 후 사용

② 예외 : **사용승인 전**에 **사용가능**

  ㉠ **7일 이내**에 사용승인서 **교부하지 않는 경우**

  ㉡ **임시사용승인(2년 이내, 연장 가능)**

69 건축법령상 건축물의 사용승인에 관한 설명으로 옳은 것은?

① 공사감리자는 건축공사가 완료되면 허가권자에게 사용승인을 신청하여야 한다.

② 허가권자는 사용승인신청을 받은 경우에는 14일 이내에 사용승인을 위한 검사를 실시하고 검사에 합격된 건축물에 대하여는 사용승인서를 교부하여야 한다.

③ 지방자치단체의 조례가 정하는 건축물은 사용승인의 위한 검사를 실시하지 아니하고 사용승인서를 교부할 수 있다.

④ 허가권자가 법령이 정한 기간 내에 사용승인서를 교부하지 않은 경우 건축주는 그 건축물을 사용하거나 사용하게 할 수 없다.

⑤ 허가권자는 직권으로 임시사용을 승인할 수 있으며 그 기간은 1년 이내로 하여야 한다.

[정답] ③

---

① **조경의무** : 대지면적 200m² 이상인 대지

② 조경의무가 없는 건축물

  ㉠ 녹지지역, 관리지역, 농림지역, 자연환경보전지역

  ㉡ 염분 ㉢ 축사 ㉣ 가설건축물

  ㉤ **공장**(대지 5,000m² 미만, **연면적 1,500m² 미만, 산업단지**)

  ㉥ **물류시설**(연면적 1,500m² 미만) 단, **주거 · 상업지역 제외**

③ 옥상조경 : 옥상조경면적의 2/3, 조경면적의 1/2

70 건축법령상 대지에 대해 조경 등의 조치를 하여야 하는 건축물은?

① 녹지지역에 건축하는 건축물

② 면적 5천m² 미만인 대지에 건축하는 공장

③ 상업지역에 건축하는 연면적의 합계가 1천5백m² 미만인 물류시설

④ 축사

⑤ 연면적의 합계가 1천5백m² 미만인 공장

[정답] ③

① 설치목적 : 쾌적한 환경조성

② 설치대상지역

    ㉠ **일반주거지역, 준주거지역**

    ㉡ **상업**지역

    ㉢ **준공업**지역

    ㉣ 시 · 군 · 구청장이 지정 · 공고하는 지역

③ 대상건축물

    ㉠ 연면적 **5천m² 이상**

    ㉡ 문화 · 집회시설, 종교시설, 판매시설, 운수시설, 업무시설, 숙박시설

      cf. 농수산물유통시설 ×, 위락시설 ×

    ㉢ 다중이용시설로 건축조례가 정하는 건축물

④ 공개공지의 확보면적 : 대지면적의 **10% 이하**

⑤ 완화적용 : **용적률, 높이제한의 1.2배** 이하

⑥ 문화행사 및 판촉활동 : 연간 **60일** 이내

71 건축법상 공개공지에 대한 설명 중 옳은 것은?

  ① 바닥면적 합계 5천m² 이상인 위락시설은 공개공지 설치대상인 건축물이다.

  ② 공개공지를 설치하는 경우에는 당해지역에 적용되는 건폐율의 1.2배 이하의 범위 안에서 이를 완화하여 적용할 수 있다.

  ③ 대지 안의 조경면적과 매장유산의 원형 보존 조치면적을 공개공지 등의 면적으로 할 수 있다.

  ④ 공개공지 등에는 연간 30일 이내의 기간 동안 건축조례로 정하는 바에 따라 주민들을 위한 문화행사를 열거나 판촉활동을 할 수 있다.

  ⑤ 공개공지의 면적은 대지면적의 15% 이하의 범위 안에서 건축조례로 정한다.

[정답] ③

(1) **도로의 의의** : 보행 및 **자동차통행**이 가능, 너비 **4m 이상**, **예정도로** 포함, **고시＋공고**된 도로

(2) **도로의 지정 · 폐지 · 변경** : 이해관계인의 **동의**

  🔒 동의의 **예외** : 이해관계인 동의 없이 건축위원회 심의를 거쳐 지정

    ○ **해외 거주** 등 동의를 얻기가 곤란한 경우

    ○ 장기간 통행로로 이용하고 있는 **사실상의 통로**

(3) **도로의 소요너비의 예외**

  ① **차량통행** 곤란한 경우 : **3m** 이상

  ② **막다른 골목** : 10m 미만 ⇨ **2m**, 10～35m ⇨ **3m**, 35m 이상 ⇨ **6m**(도시지역이 아닌 읍 · 면에서는 **4m** 이상)

(4) **대지와 도로와의 관계**

  ① 원칙 : 대지는 **2m** 이상을 도로에 접하여야 함

  ② 예외 : 도로에 접하지 아니하여도 되는 경우

    ㉠ 당해 건축물의 **출입**에 **지장**이 **없는** 경우

    ㉡ 건축물의 주변에 광장 · 공원 등 **공지**(건축금지, 공중통행 가능)가 있는 경우

    ㉢ **농막**

  ③ 연면적 2,000m²(**공장**인 경우 3,000m²) 이상 건축물의 대지는 너비 6m 이상의 도로에 4m 이상 접하여야 함

72 건축법령상의 도로에 관한 설명 중 옳은 것은?

  ① 「도로법」 등 관계법령에 의하여 신설 · 변경에 관한 고시가 있어야만 건축법령상의 도로에 포함될 수 있다.

  ② 실제로 개설되어 있지 아니한 도시 · 군계획상의 예정도로는 포함되지 아니한다.

  ③ 시장 · 군수 · 구청장이 건축허가와 관련하여 도로를 지정 · 공고하려면 이해관계인의 동의를 반드시 받아야 한다.

  ④ 건축법령상의 도로는 원칙적으로 보행 및 자동차의 통행이 가능한 구조이어야 한다.

  ⑤ 통과도로의 너비는 원칙적으로 6m 이상이어야 한다.

[정답] ④

(1) **건축선의 지정**

  ① **소요너비에 미달되는 도로에서의 건축선**

    ㉠ 도로의 **중심선**으로부터 소요너비의 **1/2**에 상당하는 수평거리를 후퇴한 선

    ㉡ 도로 반대쪽에 **경사지·하천·철도** 등이 있는 경우 ⇨ 경사지 등이 있는 쪽 **도로경계선**에서 **소요너비**에 상당하는 수평거리의 선

  ② **모퉁이 건축선(가각전제)**: 4m, 3m, 2m 후퇴

    – **4m 후퇴**: **90° 미만**, **6m 이상 8m 미만** 도로와 **6m 이상 8m 미만** 도로가 교차

  ③ **시장·군수·구청장이 지정하는 건축선**: 4m

(2) **건축선에 의한 건축제한**

  ① 건축물 및 담장은 건축선의 수직면을 넘어서는 아니 된다.

  ② **지표하**의 부분은 건축선 **적용**하지 **아니한다.**

  ③ 도로면으로부터 높이 **4.5미터** 이하에 있는 출입구·창문 ⇨ 개폐시에 건축선의 수직면을 넘는 구조로 하여서는 아니된다.

73 **건축법령상 건축선에 관한 내용으로 틀린 것은?**

  ① 도로와 접한 부분에 건축물을 건축할 수 있는 선(건축선)은 대지와 도로의 경계선으로 한다.

  ② 소요 너비에 못 미치는 너비의 도로인 경우에는 그 중심선으로부터 그 소요 너비의 2분의 1의 수평거리만큼 물러난 선을 건축선으로 한다.

  ③ 도로의 반대쪽에 경사지, 하천, 철도, 선로부지, 그 밖에 이와 유사한 것이 있는 경우에는 그 경사지 등이 있는 쪽의 도로경계선에서 소요 너비에 해당하는 수평거리의 선을 건축선으로 한다.

  ④ 건축물 및 담장과 지표(地表) 아래 부분은 건축선의 수직면(垂直面)을 넘어서는 아니 된다.

  ⑤ 도로면으로부터 높이 4.5미터 이하에 있는 출입구, 창문, 그 밖에 이와 유사한 구조물은 열고 닫을 때 건축선의 수직면을 넘지 아니하는 구조로 하여야 한다.

[정답] ④

(1) **대지면적**: 대지의 수평투영면적

  ① **건축선과 도로 사이의 면적**: 대지면적에서 제외(지정 건축선은 대지면적에 포함)

  ② **도시·군계획시설**: 대지면적에서 제외

(2) **건축면적**: **외벽**(외곽부분의 기둥)의 **중심선**

  – **지표면**으로부터 **1m** 이하에 있는 부분 제외

(3) **바닥면적**: 벽·기둥 등의 **구획**의 **중심선**

  ① **구획 없는** 건축물: 지붕 끝에서 **1m 후퇴**

  ② **노대(발코니등)** = 노대 면적 – (노대 등이 접한 길이 × **1.5m**)

  ③ **면적에서 제외**: 필로티, 승강기탑, **다락**(층고 **1.5m** 이하, **경사지붕**은 **1.8m** 이하) 등

(4) **연면적**: 각 층의 바닥면적의 합계

  🔒 **용적률의 산정 시 제외되는 면적**

  ① 지상층의 **주차용**으로 사용되는 면적

  ② **지하층**의 면적

  ③ 경사지붕 아래에 설치하는 **대피공간**의 면적

  ④ 초고층 건축물의 **피난안전구역**의 면적

74 **건축법령상 건축물의 면적, 층수 등의 산정방법에 관한 설명으로 틀린 것은?**

  ① 외벽이 없는 경우에는 외곽 부분의 기둥의 중심선으로 둘러싸인 부분의 수평투영면적을 건축면적으로 한다.

  ② 지하주차장의 경사로는 건축면적에 산입하지 아니한다.

  ③ 용적률을 산정할 때에는 지하층의 면적은 연면적에 포함시키지 아니한다.

  ④ 건축물이 부분에 따라 그 층수가 다른 경우에는 그 중 가장 많은 층수를 그 건축물의 층수로 본다.

  ⑤ 주택의 발코니의 바닥은 발코니의 면적에서 발코니가 접한 가장 긴 외벽에 접한 길이에 1미터를 곱한 값을 뺀 면적을 바닥면적에 산입한다.

[정답] ⑤

62 핵심논점 ▶ 높이 · 층수 산정

[건축물의 높이산정]

① 지표면으로부터 당해 건축물의 상단까지의 높이

② 1층 전체가 피로티인 경우 : 피로티의 층고 제외

③ 옥상의 승강기탑 · 계단탑 등 : 건축면적의 1/8(85m² 이하의 공동주택은 1/6)

　　⇨ 12m 넘는 부분만 산입

[건축물의 층수산정]

① 층수산정시 제외되는 부분

　　㉠ 승강기탑 · 계단탑 등 : 건축면적의 1/8(85m² 이하의 공동주택은 1/6) 이하

　　　 인 것

　　㉡ **지하층**

② 층의 구분이 명확하지 아니한 건축물 : **4m = 1층**

③ 부분마다 층수가 다른 경우 : 가장 **많은** 층수

75 건축법령상 높이 · 층수 등의 산정방법에 관한 설명으로 틀린 것은?

① 건축물의 1층 전체에 필로티가 설치되어 있는 경우에는 필로티의 층고는 건축물의 높이에서 제외한다.

② 층고란 방의 바닥구조체 윗면으로부터 위층 바닥구조체의 윗면까지의 높이로 한다.

③ 건축물의 층의 구분이 명확하지 아니한 경우에는 건축물의 높이 4m마다 하나의 층으로 산정한다.

④ 지하층은 층수에 산입하지 아니한다.

⑤ 건축물이 부분에 따라 층수가 다른 경우에는 가중 평균한 층수를 그 건축물의 층수로 본다.

[정답] ⑤

63 핵심논점 ▶ 건축물의 높이제한

(1) **가로구역별 최고높이 제한** : 허가권자가 지정

① **시장 · 군수 · 구청장** : **완화**하여 적용할 수 있다.

② **특별시장 · 광역시장** : **조례**로 정할 수 있다.

(2) **일조확보를 위한 높이제한**

① **전용주거지역, 일반주거지역**에서의 높이제한

　　㉠ 정북 방향 대지경계선부터 다음 거리를 이격

　　　○ **10m 이하**인 부분 : **1.5m** 이상

　　　○ **10m를 초과**하는 부분 : 높이의 **2분의 1** 이상

　　㉡ 예외 : 정남방향

② **공동주택의 높이**

　　㉠ 적용대상 : **중심상업**지역, **일반상업**지역 **제외**

　　㉡ 인접대지경계선까지의 거리에 의한 제한

　　　○ 원칙 : 인접대지경계선까지의 거리의 **2배** 이하

　　　○ 예외 : 근린상업지역, 준주거지역은 **4배** 이하

　　㉢ 인동거리에 의한 높이제한

③ **2층** 이하로서 **8m** 이하 ⇨ 적용 아니할 수 있다.

76 건축법령상 건축물의 높이 제한에 관한 설명으로 틀린 것은?

① 전용주거지역과 일반주거지역 안에서 건축하는 건축물에 대하여는 일조의 확보를 위한 높이 제한이 적용된다.

② 일반상업지역에 건축하는 공동주택으로서 하나의 대지에 두 동(棟) 이상을 건축하는 경우에는 채광의 확보를 위한 높이 제한이 적용된다.

③ 제3종 일반주거지역의 경우 정북방향인접대지 경계선으로부터 건축물 높이 10미터 이하인 부분은 인접 대지경계선으로부터 1.5미터 이상 띄어 건축하여야 한다.

④ 허가권자는 같은 가로구역에서 건축물의 용도 및 형태에 따라 건축물의 높이를 다르게 정할 수 있다.

⑤ 허가권자는 가로구역별 건축물의 최고 높이를 지정하려면 지방건축위원회의 심의를 거쳐야 한다.

[정답] ②

(1) 이행강제금의 부과기준

① 건폐율·용적률 초과, 무허가·무신고 ⇨ 1m²의 시가표준액의 **50%** × 위반면적 × 비율

  - 건축조례로 낮추는 경우 : 60% 이상

  ㉠ **신고**를 하지 아니하고 건축한 경우 : 70%

  ㉡ **건폐율**을 초과하여 건축한 경우 : 80%

  ㉢ **용적률**을 초과하여 건축한 경우 : 90%

  ㉣ **허가**를 받지 아니하고 건축한 경우 : 100%

② ① 이외의 경우 ⇨ 1m²의 시가표준액의 **10%**에 해당하는 금액에 위반면적을 곱한 금액

③ **60m²** 이하의 주거용 건축물 ⇨ ①, ②의 **2분의 1**의 범위에서 조례로 정하는 금액을 부과

④ **영리목적의 위반, 상습** 위반 : **100분의 100**의 범위에서 가중**하여야 한다.**

(2) 이행강제금의 반복부과 : 1년에 2회 이내

---

77 건축법령상 이행강제금에 관한 설명으로 틀린 것은?

① 허가권자는 이행강제금을 부과하기 전에 이행강제금을 부과·징수한다는 뜻을 미리 문서로써 계고(戒告)하여야 한다.

② 건축물이 허가를 받지 아니하고 건축된 경우에는 1m²당 시가표준액의 100분의 10에 상당하는 금액에 위반면적을 곱한 금액 이하의 이행강제금을 부과할 수 있다.

③ 허가권자는 영리목적을 위한 위반이나 상습적 위반 등 대통령령으로 정하는 경우에 100분의 100의 범위에서 이행강제금을 가중하여야 한다.

④ 이행강제금은 최초의 시정명령이 있었던 날을 기준으로 하여 1년에 2회 이내의 범위에서 부과할 수 있다.

⑤ 허가권자는 시정명령을 받은 자가 이를 이행하면 새로운 이행강제금의 부과를 즉시 중지하되, 이미 부과된 이행강제금은 징수하여야 한다.

[정답] ②

주택법

(1) **주택의 의의**: 건축물의 전부 또는 그 일부 및 그 부속토지, 단독주택과 공동주택으로 구분

단독주택	단독주택, 다중주택, 다가구주택
공동주택	아파트, 연립주택, 다세대주택

(2) **준주택**: 주택 **외**의 건축물, 주거시설로 이용가능

　－ 종류 : **다중생활시설**, **기숙사**, **오피스텔**, **노인복지주택**

(3) **건설자금에 따른 주택의 분류**

국민주택	국민주택규모 이하인 다음의 주택 ① 국가, 지자체, 토지주택공사, 지방공사가 건설 ② 국가·지자체의 재원, 주택도시기금의 지원
민영주택	국민주택을 제외한 주택

🔒 **국민주택규모** : 전용면적이 **85m²** 이하(수도권 제외, 도시지역이 아닌 읍·면 지역은 **100m²**)

78 **주택법령상 용어에 관한 설명으로 틀린 것은?**

① 주택이란 세대의 구성원이 장기간 독립된 주거생활을 할 수 있는 구조로 된 건축물의 전부 또는 일부 및 그 부속토지를 말한다.

② 준주택이란 주택 외의 건축물과 그 부속토지로서 주거시설로 이용가능한 시설 등을 말한다.

③ 도시형 생활주택이란 300세대 미만의 국민주택규모에 해당하는 주택으로서 대통령령으로 정하는 주택을 말한다.

④ 리모델링이라 함은 건축물의 노후화 억제 또는 기능향상 등을 위하여 대수선 또는 대통령령이 정하는 범위에서 증축을 하는 행위를 말한다.

⑤ 민영주택이란 민간사업주체가 건설하는 주택을 말한다.

[정답] ⑤

① 의미 : 구분생활은 가능, 구분소유할 수 없는 주택

② 건설기준

　㉠ **사업계획승인**을 받아 건설하는 공동주택

　　○ 각각의 공간마다 별도 욕실·부엌·현관 설치

　　○ 세대간 연결문, 경량구조 경계벽 등 설치

　　○ 전체 호수의 **3분의 1** 이내

　　○ 전체 주거전용면적 합계의 3분의 1 이내

　㉡ 기존 공동주택에 **허가·신고 후 설치**하는 경우

　　○ 구분공간의 세대수 : 기존세대 포함 **2세대** 이하

　　○ 각각의 공간마다 별도 욕실·부엌·구분출입문 설치

　　○ **전체** 세대수의 **10분의 1**, **해당 동**의 전체 세대수의 **3분의 1** 이내

79 **주택법령상 사업계획의 승인을 받아 건설하는 공동주택에 설치하는 세대구분형 공동주택에 대한 설명으로 옳은 것은?**

① 세대구분형 공동주택은 공동주택의 주택 내부 공간의 일부를 세대별로 구분하여 생활이 가능한 구조로서 그 구분된 공간의 일부를 구분소유 할 수 있는 주택이다.

② 세대구분형 공동주택의 세대별로 구분된 각각의 공간마다 별도의 욕실, 부엌과 현관을 설치하여야 한다.

③ 세대 간에 연결문을 설치하거나 경량구조의 경계벽을 설치하여서는 아니 된다.

④ 세대구분형 공동주택이 주택단지 공동주택 전체 호수의 10분의 1을 넘지 않아야 한다.

⑤ 세대구분형 공동주택의 세대별로 구분된 각각의 공간의 주거전용면적 합계가 주택단지 전체 주거전용면적 합계의 5분의 1을 넘지 않아야 한다.

[정답] ②

① 의미 : **300세대 미만**의 국민주택규모로 도시지역에 건설

② 도시형 생활주택의 종류

 ㉠ **단지형 연립주택** : 주택으로 쓰는 층수를 **5개층**까지(건축위원회 심의)

 ㉡ **단지형 다세대주택** : 주택으로 쓰는 층수를 **5개층**까지(건축위원회 심의)

 ㉢ **소형 주택**

  ○ 세대별 주거**전용면적**은 **60m²** 이하

  ○ 세대별로 독립된 주거가 가능하도록 욕실 및 부엌을 설치할 것

  ○ 지하층에는 세대를 설치하지 않을 것

③ 건축제한

 ㉠ 원칙 : **도시형** 생활주택과 **그** 밖의 주택을 함께 건축할 수 없으며, **단지형 연립 · 다세대**와 **소형** 주택을 함께 건축할 수 없다.

 ㉡ 예외 : 다음의 경우에는 함께 건축할 수 있다.

  ○ 소형 주택 + 85m² 초과 주택 1세대

  ○ 준주거 · 상업지역 : 소형 주택 + 그 밖의 주택

80 주택법령상 도시형 생활주택에 관한 설명으로 틀린 것은?

① '도시형 생활주택'이란 300세대 미만의 국민주택규모에 해당하는 주택으로서 대통령령으로 정하는 주택을 말한다.

② 준공업지역에서는 하나의 건축물에 소형 주택과 도시형 생활주택 외의 주택을 함께 건축할 수 있다.

③ 소형 주택의 세대별 주거전용면적은 60제곱미터 이하이어야 한다.

④ 하나의 건축물에 소형 주택과 주거전용면적이 85제곱미터를 초과하는 주택 1세대를 함께 건축할 수 있다.

⑤ 단지형 연립주택은 건축위원회의 심의를 받은 경우에는 주택으로 쓰는 층수를 5개층까지 건축할 수 있다.

[정답] ②

---

① 주택조합의 종류

구 분	내 용
지역주택조합	동일한 지역에 거주하는 주민이 주택을 마련하기 위하여 설립한 조합
직장주택조합	동일한 직장의 근로자가 주택을 마련하기 위하여 설립한 조합
리모델링주택조합	공동주택의 소유자가 당해 주택을 리모델링하기 위하여 설립한 조합

② 조합설립

 ㉠ 원칙 : **시장 · 군수 · 구청장**의 **인가**를 받아야 한다.

  ○ 지역주택조합과 직장주택조합 : 대지의 **80%** 이상 토지**사용권**, **15%** 이상 **소유권** 확보

  ○ 리모델링주택조합 : 전체 2/3 이상 및 동별 과반수의 결의

 ㉡ **국**민주택을 공급받기 위하여 **직장주택조합**을 설립 : 시장 · 군수 · 구청장에게 **신고**하여야 한다.

81 주택법령상 주택조합에 관한 설명으로 옳은 것은?

① 리모델링주택조합은 등록사업자와 공동으로 주택건설사업을 시행할 수 있다.

② 등록사업자와 공동으로 주택건설사업을 하려는 주택조합은 국토교통부장관에게 등록하여야 한다.

③ 지역주택조합의 설립인가를 받으려는 자는 해당 주택건설대지의 80퍼센트 이상에 해당하는 토지의 사용권원 및 15퍼센트 이상에 해당하는 토지의 소유권을 확보하여야 한다.

④ 리모델링주택조합의 설립인가를 신청하려면 해당 주택건설대지의 80퍼센트 이상에 해당하는 토지의 사용권원을 확보하여야 한다.

⑤ 리모델링주택조합은 주택건설예정세대수의 50% 이상의 조합원으로 구성하되, 조합원은 20명이상이어야 한다.

[정답] ③

① 조합원 자격
- ㉠ 지역주택조합: **무주택자** 또는 **85m² 이하 주택**을 1채만 소유한 세대주, 6개월 이상 거주자
- ㉡ 직장주택조합: **무주택자** 또는 **85m² 이하 주택**을 1채만 소유한 세대주 (신고 설립: 무주택자에 한함)
- ㉢ 리모델링주택조합: 공동주택/복리시설 소유자

② 조합원수: 주택건설**예정세대수의 50%** 이상, **20명** 이상(리모델링주택조합 제외)

③ 조합원의 모집: 지역·직장주택조합
- ㉠ 원칙: **50% 이상의 대지사용권**을 확보, 시장·군수·구청장에게 **신고, 공개모집**
- ㉡ **결원충원, 재모집: 신고없이 선착순**
- ㉢ 발기인의 조합가입 의제: 조합원 모집 신고일

④ 주택조합의 해산 등(총회의결로 결정)
- ㉠ 조합해산 여부 결정: **조합설립인가일부터 3년** 내에 **사업계획승인**을 받지 못하는 경우
- ㉡ 사업종결 여부 결정: **조합원 모집 신고일부터 2년** 내에 **설립인가**를 받지 못하는 경우

82 주택법령상 주택조합에 관한 설명으로 옳은 것은?

① 국민주택을 공급받기 위하여 설립한 직장주택조합을 해산하려면 관할 시장·군수·구청장의 인가를 받아야 한다.

② 지역주택조합은 임대주택으로 건설·공급하여야 하는 세대수를 포함하여 주택건설예정세대수의 3분의 1 이상의 조합원으로 구성하여야 한다.

③ 리모델링주택조합의 경우 공동주택의 소유권이 수인의 공유에 속하는 경우에는 그 수인 모두를 조합원으로 본다.

④ 지역주택조합의 설립 인가 후 조합원이 사망하였더라도 조합원수가 주택건설예정세대수의 2분의 1 이상을 유지하고 있다면 조합원을 충원할 수 없다.

⑤ 조합원의 사망·자격상실·탈퇴 등으로 인한 결원을 충원하는 경우에는 신고하지 아니하고 선착순의 방법으로 조합원을 모집할 수 있다.

[정답] ⑤

① 원칙: 지역주택조합 또는 직장주택조합은 **설립인가를 받은 후**에는 해당 조합원을 **교체**하거나 **신규로 가입**하게 **할 수 없다.**

② 시장·군수·구청장으로부터 조합원 **추가모집의 승인**을 받은 경우에는 조합원을 교체하거나 신규로 가입하게 할 수 있다.

③ 다음의 어느 하나에 해당하는 사유로 **결원**이 발생한 범위에서 **충원**하는 경우에는 조합원을 교체하거나 신규로 가입하게 할 수 있다.
- ㉠ 조합원의 **사망**
- ㉡ **사업계획승인 이후**의 **양도·증여·판결** 등으로 변경된 경우
- ㉢ 조합원 **자격상실**
- ㉣ 조합원의 **탈퇴**로 주택건설예정세대수의 **50% 미만**이 된 경우
- ㉤ **예정세대수의 변경**으로 변경된 주택건설예정세대수의 **50% 미만**이 된 경우

83 주택법령상 지역주택조합이 설립인가를 받은 후 조합원을 신규로 가입하게 할 수 있는 경우와 결원의 범위에서 충원할 수 있는 경우 중 어느 하나에도 해당하지 않는 것은?

① 조합원이 사망한 경우

② 조합원이 무자격자로 판명되어 자격을 상실하는 경우

③ 조합원을 수가 주택건설 예정 세대수를 초과하지 아니하는 범위에서 조합원 추가모집의 승인을 받은 경우

④ 조합원의 탈퇴 등으로 조합원 수가 주택건설 예정 세대 수의 60퍼센트가 된 경우

⑤ 사업계획승인의 과정에서 주택건설 예정 세대수가 변경되어 조합원 수가 변경된 세대수의 40퍼센트가 된 경우

[정답] ④

(1) 사업계획승인 신청 대상

① 주택건설사업

단독주택	원칙	30호
	예외	🔒 다음의 경우 50호 ㉠ 공공택지에서 단독주택 건설 ㉡ 한옥
공동주택	원칙	30세대
	예외	🔒 다음의 경우 50세대 ㉠ 단지형 연립주택·다세대주택 ㉡ 주거환경개선사업구역

② 대지조성사업 : 1만m²

(2) 사업계획승인권자

① 원칙

　㉠ 10만m² 이상 : 시·도지사 또는 대도시 시장

　㉡ 10만m² 미만 : 특별시장·광역시장·특별자치도지사 또는 시장·군수

② 예외 : **국토**교통부장관

　㉠ **국가**·한국**토**지주택공사가 시행하는 경우

　㉡ 330만m² 이상의 규모로 택지개발사업 또는 도시개발사업을 추진하는 지
　　역 등 **국토교통부장관이** 고시하는 지역

(3) 사업계획승인 제외대상

① 상업·준주거지역에서 300세대 미만의 주상복합

② 주택의 비율이 90% 미만

---

84 주택법령상 대지면적이 8만m²인 주택건설사업의 사업계획승인권자가 될 수 없는 자는?

① 특별시장　　　　② 광역시장　　　　③ 시장
④ 군수　　　　　　⑤ 구청장

[정답] ⑤

85 주택법령상 주택건설사업계획의 승인 등에 관한 설명으로 옳은 것은?
(단, 다른 법률에 따른 사업은 제외함)

① 주거전용 단독주택인 건축법령상의 한옥 30호 이상의 건설사업을 시행하려는 자는 사업계획승인을 받아야 한다.

② 주택건설사업을 시행하려는 자는 전체 세대수가 500세대 이상의 주택단지를 공구별로 분할하여 주택을 건설·공급할 수 있다.

③ 한국토지주택공사가 대지면적이 15만m²인 주택건설사업을 시행하려면 시·도지사 또는 대도시 시장에게 사업계획승인을 받아야 한다.

④ 사업계획승인권자는 사업계획승인의 신청을 받았을 때에는 정당한 사유가 없으면 신청받은 날부터 60일 이내에 사업주체에게 승인 여부를 통보하여야 한다.

⑤ 사업계획승인의 조건으로 부과된 사항을 이행함에 따라 공사 착수가 지연되는 경우, 사업계획승인권자는 그 사유가 없어진 날부터 3년의 범위에서 공사의 착수기간을 연장할 수 있다.

[정답] ④

① 착수 시한

  ㉠ 승인받은 날부터 **5년** 이내

  ㉡ 공구별 승인을 받은 경우

    ○ **최초 공구** : 승인받은 날부터 **5년** 이내

    ○ 최초 **외의 공구** : 최초 착공신고일부터 **2년** 이내

② 착수 시한의 **연장** : **1년**

③ 사업계획승인의 취소(할 수 있다)

  ㉠ 5년 이내에 공사를 시작하지 아니한 경우

  ㉡ 대지소유권을 상실한 경우

  ㉢ 공사의 완료가 불가능한 경우

86 주택법령상 주택건설사업의 절차 등에 관한 설명으로 틀린 것은?

① 주택건설사업을 시행하려는 자는 해당 주택단지를 공구별로 분할하여 주택을 건설·공급할 수 있다.

② 전체 세대수가 600세대 이상인 주택단지는 공구별로 분할하여 주택을 건설·공급할 수 있다.

③ 사업계획승인권자는 사업주체가 경매·공매 등으로 인하여 대지소유권을 상실한 경우 그 사업계획의 승인을 취소하여야 한다.

④ 사업계획승인을 받은 사업주체는 승인받은 사업계획대로 사업을 시행하여야 하고, 그 승인받은 날부터 5년 이내에 공사를 시작하여야 한다.

⑤ 사업계획승인을 받은 사업주체가 공사를 시작하려는 경우에는 국토교통부령으로 정하는 바에 따라 사업계획승인권자에게 신고하여야 한다.

[정답] ③

[주택건설대지의 소유권 확보]

① 원칙 : 사업계획승인을 얻고자 하는 자 ⇨ 대지의 소유권 확보하여야

② 예외

  ㉠ **지구단위계획 결정이 필요한 사업**으로 **80% 이상의 대지 사용권원 확보**, 나머지는 매도청구 대상 (주택조합은 95% 이상 소유권 확보)

  ㉡ 대지를 사용할 수 있는 권원을 확보한 경우

  ㉢ 국가·지방자치단체·한국토지주택공사·지방공사

[국·공유지의 우선매각·임대]

① 다음의 목적으로 우선 매각·임대 가능

  ㉠ **국민주택규모의 주택**을 **50% 이상** 건설

  ㉡ **주택조합**이 건설하는 주택의 건설

② 환매 또는 임대차계약 취소(할 수 있다) : 2년 이내에 목적 사업 시행 ✕

[체비지 우선매각] : 국민주택용지, 체비지 총면적의 1/2 범위 내

87 주택법령상 사업주체의 주택건설용 토지의 취득에 관한 내용으로 틀린 것은?

① 지방공사가 주택건설사업계획의 승인을 받으려면 해당 주택건설대지의 소유권을 확보하여야 한다.

② 지구단위계획의 결정이 필요한 주택건설사업의 해당 대지면적의 100분의 80 이상을 사용할 수 있는 권원(權原)을 확보하고, 확보하지 못한 대지가 매도청구 대상이 되는 대지에 해당하는 경우 소유권확보 없이 사업계획승인 신청이 가능하다.

③ 사업주체가 주택건설대지의 소유권을 확보하지 못하였으나 그 대지를 사용할 수 있는 권원을 확보한 경우 소유권확보 없이 사업계획승인 신청이 가능하다.

④ 지방자치단체인 사업주체가 국민주택을 건설하기 위한 대지를 조성하는 경우에는 토지 등을 수용 또는 사용할 수 있다.

⑤ 도시개발사업시행자는 체비지의 총면적의 2분의 1의 범위에서 이를 우선적으로 국민주택건설의 사업주체에게 매각할 수 있다.

[정답] ①

(1) **주택건설사업**: **시가대로 매도할 것을 청구**

① 사용권원 **95% 확보**: **모든 소유자에게 청구**

② 사용권원 95% 미확보: 지구단위계획구역 결정고시일 10년 이전부터 계속 보유한 자 제외

③ 대지소유자와 사전에 3월 이상의 기간을 협의

(2) **리모델링주택조합** ⇨ 리모델링 결의에 찬성 아니하는 자에 대해 매도청구

(3) **사용검사 후 매도청구**: 시가대로 매도할 것을 청구

① 주택소유자 ⇨ 실소유자(사용검사 후 소유권을 회복한 자)

② 요건: 해당 토지가 **5퍼센트 미만**

③ 매도청구소송

　㉠ 대표자 선정: **4분의 3 이상의 동의**

　㉡ 판결의 효력: 소유자 전체에 대하여 효력

④ 매도청구 의사표시: 소유권 회복일부터 **2년** 이내

88 주택법령상 주택건설사업계획의 승인을 받은 사업주체에게 인정되는 매도청구권에 관한 설명으로 틀린 것은?

① 매도청구권은 국민주택규모를 초과하는 주택의 주택건설사업에 대해서도 인정된다.

② 주택건설대지 중 사용권원을 확보하지 못한 대지는 물론 건축물에 대해서도 매도청구권이 인정된다.

③ 주택건설대지면적 중 100분의 95 이상에 대해 사용권원을 확보한 경우에는 사용권원을 확보하지 못한 대지의 모든 소유자에게 매도청구할 수 있다.

④ 사업주체는 매도청구대상 대지의 소유자에게 그 대지를 공시지가로 매도할 것을 청구할 수 있다.

⑤ 매도청구를 하기 위해서는 매도청구 대상 대지의 소유자와 3개월 이상 협의를 하여야 한다.

[정답] ④

---

(1) **대상 및 시기**

① **원칙**: 사업을 **완료**한 경우

② **예외**: **공구별, 동별**

(2) **사용검사권자**

① **원칙**: **시장·군수 또는 구청장**

② **예외**: **국토교통부장관**

(3) **신청자**: 원칙(사업주체), 예외(파산 등의 경우 – 시공보증자, 입주예정자대표회의)

(4) **사용검사시기**: 신청일로부터 **15일** 이내

(5) **임시사용승인**

① **원칙**: 사용검사전 사용불가

② 예외 ⇨ **임시사용승인을 얻은 경우**

　㉠ 임시사용승인 신청: **동별·구획별** 공사완료시

　㉡ 공동주택은 **세대별**로 임시사용승인 가능

89 주택법령상 사용검사에 관한 설명으로 옳은 것은?

① 시·도지사가 사용검사를 하는 것이 원칙이다.

② 한국토지주택공사는 사용검사를 받지 아니하고 주택 또는 대지를 사용할 수 있다.

③ 사용검사는 그 신청일부터 30일 이내에 하여야 한다.

④ 사업주체가 파산 등으로 주택건설사업을 계속할 수 없는 경우에는 당해 주택의 시공보증자가 잔여공사를 시공하고 사용검사를 받아야 한다.

⑤ 주택건설사업의 경우 공동주택에 대한 세대별 임시사용승인은 허용되지 않는다.

[정답] ④

[주택공급]

🔒 사업주체가 **입주자를 모집**하려면 **시장·군수·구청장의 승인**을 받아야 한다.

　㉠ **공공주택사업자**(국가·지방자치단체·한국토지주택공사·지방공사)는 **승인**을 받을 필요가 **없다.**

　㉡ **복리시설**의 경우에는 **신고**하여야 한다.

[분양가 상한제]

① 분양가상한제 적용주택 : 사업주체가 일반에 공급하는 공동주택 중 다음 지역에서 공급하는 주택

　㉠ 공공택지

　㉡ 분양가상한제 적용지역

② 분양가상한제의 **적용제외** 대상

　㉠ **도시형 생활주택**

　㉡ **경제자유구역**에서 심의·의결한 경우

　㉢ **관광특구**에서 **50층** 이상 또는 **150미터** 이상인 경우

　㉣ 주거환경개선사업 및 공공재개발사업 건설·공급하는 주택

　㉤ 혁신지구재생사업에서 건설·공급하는 주택

　㉥ 도심공공주택복합사업 건설·공급하는 주택

90 주택법령상 주택의 공급에 관한 설명으로 옳은 것은?

① 한국토지주택공사가 사업주체로서 입주자를 모집하려는 경우에는 시장·군수·구청장의 승인을 받아야 한다.

② 사업주체가 복리시설의 입주자를 모집하려는 경우 시장·군수·구청장의 승인을 받아야 한다.

③ 도시형생활주택에 대해서는 분양가상한제를 적용하지 아니한다.

④ 공공택지에서 공급하는 분양가상한제 적용주택의 경우 분양가격을 공시할 필요가 없다.

⑤ 「관광진흥법」에 따라 지정된 관광특구에서 건설·공급하는 30층 이상의 공동주택은 분양가상한제를 적용하지 아니한다.

[정답] ③

① 지정권자 : 국토교통부장관

② 대상 : 주택가격상승률 〉 물가상승률

　㉠ **12개월간** 아파트 **분양가격상승률**이 물가상승률의 **2배**

　㉡ **3개월간** 주택매매**거래량**이 전년 동기 대비 **20퍼센트** 이상 증가

　㉢ **2개월** 동안 월평균 **청약경쟁률**이 모두 5대 1을 초과(국민주택규모는 10대 1)

③ 지정절차 : 의견(시·도지사) - 심의 - 공고·통보(시·군·구) - 시·군·구가 사업주체에게 공고하도록 함

④ 해제 : 계속 지정할 필요가 없다고 인정 ⇨ 심의 거쳐 해제하여야 한다(해제여부통보 : 40일).

91 주택법령상 분양가상한제 적용 지역에 대한 설명으로 틀린 것은?

① 국토교통부장관이 분양가상한제 적용 지역을 지정하는 경우에는 미리 시·도지사의 의견을 들어야 한다.

② 시장·군수·구청장은 사업주체로 하여금 입주자 모집공고 시 해당 지역에서 공급하는 주택이 분양가상한제 적용주택이라는 사실을 공고하게 하여야 한다.

③ 직전월부터 소급하여 12개월간의 아파트 분양가격상승률이 물가상승률의 2배를 초과한 지역에 분양가상한제 적용 지역을 지정할 수 있다.

④ 직전월부터 소급하여 3개월간의 주택매매거래량이 전년동기대비 20퍼센트 이상 증가한 지역에 분양가상한제 적용 지역을 지정할 수 있다.

⑤ 직전월부터 소급하여 주택공급이 있었던 연속 2개월간 해당 지역에서 공급되는 국민주택규모 주택의 월평균 청약경쟁률이 모두 5대 1을 초과한 지역에 분양가상한제 적용 지역을 지정할 수 있다.

[정답] ⑤

(1) **전매제한 대상 및 기간(10년 이내)**: 입주자로 선정된 지위 포함, 소유권이 전등기를 완료한 때에 전매제한 기간이 지난 것으로 본다.

전매제한 대상	전매제한 기간
① 투기과열지구에서 건설·공급되는 주택	3년, 1년, 6개월
② 조정대상지역에서 건설·공급되는 주택	
③ 분양가상한제 적용주택	
④ 공공택지 외의 택지에서 건설·공급되는 주택	
⑤ 공공재개발사업에서 건설·공급되는 주택	
⑥ 토지임대부 분양주택	

(2) **전매제한의 예외**: 한국토지주택공사의 동의
  ① 근무 또는 생업상의 사정 등으로 **세대원 전원**이 다른 광역시, 시 또는 군으로 이전하는 경우 cf. **수도권 안에서 이전**하는 경우 **제외**
  ② 상속에 의하여 취득한 주택으로 세대원 전원이 이전
  ③ 세대원 전원이 해외이주, **2년 이상** 해외 체류
  ④ 이혼으로 인하여 배우자에게 이전
  ⑤ 국가·지방자치단체 등에 대한 채무로 인한 경매
  ⑥ 주택의 **일부**를 배우자에게 **증여**
  ⑦ 실직·파산 등으로 인한 경제적 어려움

92 주택법령상 주택의 전매행위제한을 받는 주택임에도 불구하고 사업주체의 동의를 받아서 전매할 수 있는 경우가 아닌 것은?
  ① 상속에 따라 취득한 주택으로 세대원 전원이 이전하는 경우
  ② 세대원 전원이 해외로 이주하거나 1년 이상의 기간 동안 해외에 체류하려는 경우
  ③ 이혼으로 인하여 주택을 그 배우자에게 이전하는 경우
  ④ 입주자로 선정된 지위 또는 주택의 일부를 배우자에게 증여하는 경우
  ⑤ 세대원이 근무 또는 생업상의 사정이나 질병치료·취학·결혼으로 인하여 세대원 전원이 다른 광역시, 특별자치시, 특별자치도, 시 또는 군(광역시의 관할구역에 있는 군은 제외한다)으로 이전하는 경우

[정답] ②

(1) **저당권설정 등의 제한**
  ① 제한기간 : 입주자모집공고승인 신청일 ~ 소유권이전등기를 신청할 수 있는 날 이후 **60일**까지
    cf. 주택조합은 사업계획승인 신청일 ~
    cf. 소유권이전등기를 신청할 수 있는 날 = 사업주체가 통보한 입주 가능일
  ② 제한내용 : 공급받는 자의 동의 없는 담보물권의 설정, 처분 등의 행위는 금지

(2) **부기등기** : 담보물권의 설정등이 제한되는 재산임을 부기등기
  ① 사업주체가 **국가·지방자치단체·토지주택공사·지방공사**인 경우 : **부기등기 의무 없다.**
  ② 부기등기의 시기
    ㉠ **대지** : **입주자모집공고 승인 신청**과 동시에
    ㉡ **주택** : **소유권보존등기**와 동시에
  ③ 부기등기일 이후 위반행위 : **무효**

93 주택법령상 주택조합인 사업주체는 사업의 대상이 된 주택 및 대지에 대하여는 '일정 기간' 동안 입주예정자의 동의 없이 저당권설정 등을 할 수 없는 바, 이에 관한 설명으로 틀린 것은?
  ① '일정 기간'이란, 사업계획승인 신청일일 이후부터 입주예정자가 소유권이전등기를 신청할 수 있는 날 이후 60일까지의 기간을 말한다.
  ② 위 ①에서 '소유권이전등기를 신청할 수 있는 날'이란 사업주체가 입주예정자에게 통보한 입주가능일을 말한다.
  ③ 사업주체가 저당권설정제한의 부기등기를 하는 경우, 주택건설대지에 대하여는 소유권보존등기와 동시에 하여야 한다.
  ④ 사업주체가 지방자치단체인 경우에는 부기등기를 하여야 할 의무가 없다.
  ⑤ 부기등기일 후에 해당 대지 또는 주택을 양수하거나 제한물권을 설정받은 경우 또는 압류·가압류·가처분 등의 목적물로 한 경우에는 그 효력을 무효로 한다.

[정답] ③

80 핵심논점 공급질서교란행위의 금지

(1) **금지행위**: 증서 등의 양도·양수(**상속·저당 제외**)·알선·광고 금지, 사위 기타 부정한 방법의 공급금지

(2) **금지대상**
① 주택조합의 조합원으로 주택을 **공급받을 수 있는 지위**
② 주택상환사채
③ 입주자저축의 증서
④ 기타: 무허가건물확인서, 건물철거예정증명서, 건물철거확인서, 이주대책대상자확인서 등

(3) **위반시 효과**
① 공급신청할 수 있는 **지위는 무효**로, 공급계약은 **취소하여야 한다.**
② 환매: 주택가격 지급한 때 사업주체가 주택 취득
③ 퇴거명령: 매수인에게 주택가격 지급 또는 공탁
④ 국토교통부장관은 위반한 자에 대하여 10년 이내의 범위에서 주택의 입주자자격을 제한할 수 있다.
⑤ 형사처벌: 3년 이하의 징역, 3천만원 이하의 벌금

94 주택법령에 의하여 건설·공급되는 주택을 공급받기 위한 증서 또는 지위는 양도·양수하거나 이를 알선할 수 없다. 이에 해당하지 않는 것은?
① 주택상환사채
② 리모델링주택조합의 조합원으로서 조합주택을 공급받을 수 있는 지위
③ 지역주택조합의 조합원으로서 조합주택을 공급받을 수 있는 지위
④ 입주자저축증서
⑤ 시장·군수·구청장이 발행한 무허가건물확인서 또는 건물철거확인서
[정답] ②

81 핵심논점 주택상환사채

① 발행목적: 민영주택사업
② 발행권자: **등록사업자, 한국토지주택공사**
③ 발행절차: **국토교통부장관의 승인, 등록사업자: 주택도시보증공사의 보증**
④ 등록사업자의 주택상환사채발행
 ㉠ **법인으로서 자본금이 5억원 이상일 것**
 ㉡ 건설업 등록을 한 자일 것
 ㉢ **3년간 연평균** 주택건설실적: **300세대 이상**
 ㉣ 발행규모: **3년간의 연평균 주택건설호수 이내**
⑤ 발행방법
 ㉠ **기명증권**으로 발행
 ㉡ 명의변경: 사채**원부**에 기록 + **채권**에 기록
 ㉢ 액면 또는 할인의 방법으로 발행
 ㉣ 양도·중도해약금지
⑥ 상환: **3년 초과 ×** (사채발행일 ~ 공급계약체결일)
⑦ 등록말소 ⇨ 주택상환사채의 효력에 영향 ×
⑧ 적용법규: 상법 중 사채발행에 관한 규정 적용

95 주택법령상 주택상환사채에 관한 설명으로 옳은 것은?
① 한국토지주택공사는 금융기관 또는 주택도시보증공사의 보증을 받은 때에 한하여 이를 발행할 수 있다.
② 주택상환사채를 발행하려는 자는 기획재정부장관의 승인을 얻어야 한다.
③ 주택상환사채는 무기명증권으로 발행한다.
④ 등록사업자의 등록이 말소된 경우 그가 발행한 주택상환사채는 효력을 상실한다.
⑤ 주택상환사채의 상환기간은 3년을 초과할 수 없다.
[정답] ⑤

농지법

(1) 농지의 범위

① 농작물의 경작 또는 다년생식물재배지로 이용되는 토지(지목 불문), 토지 개량 시설의 부지 등

② 농지에서 제외되는 토지

　㉠ **전 · 답 · 과수원이 아닌 경작기간이 3년 미만인 토지**

　㉡ 초지법에 의하여 조성된 **초지**

　㉢ **임야로 산지전용허가가 없이 경작에 이용되는 토지**

(2) 농업인

① **1천m² 이상의 농지**, 1년 중 농업에 **90일 이상** 종사

② **330m² 이상의 고정식온실 · 비닐하우스** 등에서 경작

③ 1년 중 **축산업에 120일 이상** 종사자

④ 농산물 연간 **판매액 120만원 이상**

---

96 농지법령상 '농업인'이라 함은 농업에 종사하는 개인으로서 다음에 해당 하는 자를 말한다. 틀린 것은?

① 1천m² 이상의 농지에서 농작물 또는 다년생식물을 경작 또는 재배하거 나 1년 중 90일 이상 농업에 종사하는 자

② 농업경영을 통한 농산물의 연간 판매액이 100만원 이상인 자

③ 대가축 2두, 중가축 10두, 소가축 100두, 가금 1천수 또는 꿀벌 10군 이상 을 사육하는 자

④ 농지에 330m² 이상의 고정식온실 · 버섯재배사 · 비닐하우스, 그 밖의 농 림축산식품부령으로 정하는 농업생산에 필요한 시설을 설치하여 농작물 또는 다년생식물을 경작 또는 재배하는 자

⑤ 1년 중 120일 이상 축산업에 종사하는 자

[정답] ②

---

(1) 발급대상

① 원칙 : 농지취득 ⇨ **시장 · 구청장 · 읍장** 또는 **면장**에게서 농지취득자격증명을 발급받아야 한다.

② 예외 : 농지취득자격증명을 발급받지 않고 취득

　㉠ 소유제한 예외 사유(단, 학 · 주 · 전 · 개 · 영 · 비는 제외)

　　cf 농지**전용협의** - 증명 필요×

　㉡ **시효의 완성**, 농업법인의 **합병**, 공유농지의 **분할**, 환매권자의 **환매**

(2) 농업경영계획서의 작성

🔒 **농업경영계획서를 작성 않고 발급신청하는 경우**

㉠ **학교 등이 실습지** 등으로 농지를 소유	㉡ **농지전용허가 · 신고** 후 농지를 소유
㉢ **개발사업지구** 내 1,500m² 미만의 농지	
㉣ **영농여건불리농지** : 평균경사율이 15% 이상	㉤ **비축토지**

(3) 발급절차 등

① 신청일부터 **7일**(농업경영계획서 작성하지 않는 경우는 **4일**) 이내에 발급, 농지위원회 심의대상인 경우 **14일**

② **농업경영계획서 보존 : 10년**

③ 소유권등기를 신청시 농지취득자격증명을 첨부

---

97 농지법령상 농지취득자격증명에 관한 설명으로 틀린 것은?

① 지방자치단체가 농지를 소유하는 경우는 농지취득자격증명을 발급받지 않아도 된다.

② 농지전용신고를 한 자가 당해 농지를 소유하는 경우에는 농지취득자격증 명을 발급받지 않아도 된다.

③ 농업법인의 합병으로 농지를 취득하는 경우 농지취득자격증명을 발급받 지 않아도 된다.

④ 상속으로 농지를 취득하여 소유하는 경우 농지취득 자격증명을 발급받지 않아도 된다.

⑤ 시장 · 구청장 · 읍장 · 면장은 농지취득자격증명의 발급신청이 있는 경우 에는 그 신청을 받은 날부터 7일 이내에 발급하여야 하는 것이 원칙이다.

[정답] ②

(1) **처분사유**

① **농업회사법인**이 설립요건에 맞지 아니하게 된 후 **3개월**이 지난 경우

② 농지전용허가·신고 후 농지를 취득한 날부터 **2년** 이내에 그 목적사업에 착수하지 아니한 경우

(2) **처분의무**: 처분사유 발생 ⇨ **1년** 이내에 처분

(3) **처분명령**: 증명 부정발급, 기간 내에 처분 × ⇨ **6월** 내 처분할 것을 명령

(4) **매수청구**: 처분명령을 받은 때

① 한국농어촌공사에게 매수청구

② 매수가격: 공시지가 〉 인근지역 실제거래가격

(5) **이행강제금**

① 부과대상: 처분명령 또는 원상회복명령을 이행하지 않는 자

② 부과금액: 감정가격과 개별공시지가 중 높은 가격의 **100분의 25**

③ 부과횟수: 매년 1회 부과·징수 가능

98 농지법령상 농업경영에 이용하지 아니하는 농지의 처분의무에 관한 설명으로 옳은 것은?

① 농지 소유자가 선거에 따른 공직취임으로 휴경하는 경우에는 소유농지를 자기의 농업경영에 이용하지 아니하더라도 농지처분의무가 면제된다.

② 농지 소유 상한을 초과하여 농지를 소유한 것이 판명된 경우에는 소유농지 전부를 처분하여야 한다.

③ 농지처분의무 기간은 처분사유가 발생한 날부터 6개월이다.

④ 농지전용신고를 하고 그 농지를 취득한 자가 질병으로 인하여 취득한 날부터 2년이 초과하도록 그 목적사업에 착수하지 아니한 경우에는 농지처분의무가 면제된다.

⑤ 농지 소유자가 시장·군수 또는 구청장으로부터 농지처분명령을 받은 경우 한국토지주택공사에 그 농지의 매수를 청구할 수 있다.

[정답] ①

(1) **대리경작제도**: 유휴농지에 대해 시장·군수·구청장이 지정(직권 또는 신청)

① 대리경작자: 인근지역의 농업인·농업법인, 지정곤란시 농업생산자단체·학교 등

② **대리경작의 기간**: 따로 정하지 아니한 경우 **3년**

③ 토지사용료: 수확량의 **100분의 10**(수확일부터 **2개월** 내 지급)

④ 지정해지 신청: 대리경작기간 만료 **3개월** 전까지

(2) **농지의 임대차**

① 원칙: 임대하거나 무상사용하게 할 수 없다.

② 예외: 임대·무상사용이 가능한 경우

　　－ 농지의 소유제한의 예외에 해당하는 경우(학·주는 제외)

　　－ 60세 이상의 고령, 농업경영기간이 5년을 초과하는 농지

③ 계약방법: 서면계약을 원칙으로 한다.

　　－ 등기가 없는 경우: 시·구·읍·면장의 확인 + 농지 인도 ⇨ 제3자에 대하여 효력

④ 임대차 기간

　　㉠ **임대차 기간**: 3년 이상(**이모작**은 8월 이내), **다년생식물** 재배지 등은 5년 이상

　　㉡ 묵시적 갱신: 임대인의 갱신통지(3개월 전)가 없으면

99 농지의 대리경작 및 임대차에 관한 설명으로 틀린 것은?

① 유휴농지의 대리경작기간은 따로 정하지 아니하면 3년으로 한다.

② 농업경영을 하려는 자에게 농지를 임대하는 경우 서면계약을 원칙으로 한다.

③ 임대농지의 양수인은 「농지법」에 따른 임대인의 지위를 승계한 것으로 본다.

④ 지력의 증진을 위하여 필요한 기간동안 휴경하는 농지에 대하여는 대리경작자를 지정할 수 없다.

⑤ 농지의 임차인이 농작물의 재배시설로서 고정식온실을 설치한 농지의 임대차 기간은 3년 이상으로 하여야 한다.

[정답] ⑤

(1) **원칙**: 소유농지를 위탁경영할 수 없다.

(2) **예외**: 위탁경영이 가능한 경우

　① 「병역법」에 따라 **징집** 또는 소집된 경우

　② **3개월 이상 국외** 여행 중인 경우

　③ 농업법인이 **청산** 중인 경우

　④ 질병, 취학, 선거에 따른 공직 취임, 그 밖에 대통령령으로 정하는 사유로 자경
　할 수 없는 경우

　　㉠ 부상으로 **3월** 이상의 **치료**가 필요한 경우

　　㉡ 교도소·구치소 또는 보호감호시설에 수용 중인 경우

　　㉢ 임신 중이거나 **분만 후 6개월** 미만인 경우

　⑤ 농지이용증진사업 시행계획에 따라 위탁경영하는 경우

　⑥ 농업인이 자기 노동력이 부족하여 농작업의 일부를 위탁하는 경우

100 농지법령상 농지의 위탁경영이 허용되는 사유로서 틀린 것은?

　① 「병역법」에 따라 징집 또는 소집된 경우

　② 3개월 이상 국외 여행 중인 경우

　③ 농업법인이 청산 중인 경우

　④ 부상으로 2월 이상의 치료가 필요한 경우

　⑤ 교도소·구치소 또는 보호감호시설에 수용 중인 경우

[정답] ④

ME
MO

복습문제

본문의 문제를 하나로 모아
다시 한 번 복습할 수 있도록 하였습니다.

01 국토의 계획 및 이용에 관한 법률의 내용으로 옳은 것은?

① 도시·군계획은 특별시·광역시·특별자치시·특별자치도·시 또는 광역시 관할 구역 안의 군에 대하여 수립하는 공간구조와 발전방향에 대한 계획이다.

② 지구단위계획은 도시·군계획 수립대상지역 전부에 대하여 수립한다.

③ 기반시설부담구역은 개발밀도관리구역 외의 지역으로서 개발로 인하여 도로, 공원 등의 기반시설의 설치가 필요한 지역을 대상으로 기반시설을 설치하거나 그에 필요한 용지를 확보하게 하기 위하여 지정한다.

④ 국가계획은 중앙행정기관의 장에 의해 수립되는 토지계획으로 도시·군관리계획으로 결정하여야 할 사항이 포함되지 아니한 계획이다.

⑤ 도시·군계획시설사업이란 기반시설을 설치·정비 또는 개량하는 사업을 말한다.

02 국토의 계획 및 이용에 관한 법령상 도시·군관리계획으로 결정하여야 할 사항이 아닌 것은?

① 개발제한구역 안에서의 집단취락지구의 지정

② 고도지구 안에서의 건축물의 최고 높이

③ 용도지역 안에서의 건축제한

④ 지구단위계획구역의 지정

⑤ 생산녹지지역을 자연녹지지역으로 변경 지정

03 국토의 계획 및 이용에 관한 법령상 광역도시계획에 관한 설명으로 옳은 것은?

① 광역계획권이 둘 이상의 시·도의 관할 구역에 걸쳐 있는 경우에는 관할 시·도지사가 공동으로 광역도시계획을 수립한다.

② 광역계획권을 지정한 날부터 2년이 지날 때까지 관할 시·도지사로부터 광역도시계획의 승인 신청이 없는 경우에는 국토교통부장관이 광역도시계획을 수립한다.

③ 중앙행정기관의 장, 시·도지사, 시장 또는 군수는 국토교통부장관이나 도지사에게 광역계획권의 지정 또는 변경을 요청할 수 없다.

④ 도지사가 시장 또는 군수의 요청에 의하여 관할 시장 또는 군수와 공동으로 광역도시계획을 수립하는 경우에는 국토교통부장관의 승인을 받아야 한다.

⑤ 국토교통부장관, 시·도지사, 시장 또는 군수가 기초조사정보체계를 구축한 경우에는 등록된 정보의 현황을 3년마다 확인하고 변동사항을 반영하여야 한다.

04 국토의 계획 및 이용에 관한 법령상 광역계획권에 관한 설명으로 옳은 것은?

① 광역계획권이 둘 이상의 도의 관할 구역에 걸쳐 있는 경우, 해당 도지사들은 공동으로 광역계획권을 지정하여야 한다.

② 광역계획권이 하나의 도의 관할 구역에 속하여 있는 경우, 도지사는 국토교통부장관과 공동으로 광역계획권을 지정 또는 변경하여야 한다.

③ 도지사가 광역계획권을 지정하려면 관계 중앙행정기관의 장의 의견을 들은 후 중앙도시계획위원회의 심의를 거쳐야 한다.

④ 국토교통부장관이 광역계획권을 변경하려면 관계 시·도지사, 시장 또는 군수의 의견을 들은 후 지방도시계획위원회의 심의를 거쳐야 한다.

⑤ 중앙행정기관의 장, 시·도지사, 시장 또는 군수는 국토교통부장관이나 도지사에게 광역계획권의 지정 또는 변경을 요청할 수 있다.

05 국토의 계획 및 이용에 관한 법령상 도시 · 군기본계획에 관한 설명으로 옳은 것은?

① 시장 · 군수는 관할구역에 대해서만 도시 · 군기본계획을 수립할 수 있으며, 인접한 시 또는 군의 관할 구역을 포함하여 계획을 수립할 수 없다.

② 도시 · 군기본계획의 내용이 광역도시계획의 내용과 다를 때에는 국토교통부장관이 결정하는 바에 따른다.

③ 수도권정비계획법에 의한 수도권에 속하지 아니하고 광역시와 경계를 같이하지 아니한 인구 7만 명의 군은 도시 · 군기본계획을 수립하지 아니할 수 있다.

④ 도시 · 군기본계획을 변경하는 경우에는 공청회를 개최하지 아니할 수 있다.

⑤ 광역시장이 도시 · 군기본계획을 수립하려면 국토교통부장관의 승인을 받아야 한다.

06 국토의 계획 및 이용에 관한 법령상 도시 · 군기본계획에 관한 설명으로 옳은 것은?

① 특별시장 · 광역시장 · 특별자치시장 · 도지사 · 특별자치도지사는 관할 구역에 대하여 도시 · 군기본계획을 수립하여야 한다.

② 시장 또는 군수가 도시 · 군기본계획을 변경하려면 지방의회의 승인을 받아야 한다.

③ 도시 · 군기본계획을 변경하기 위하여 공청회를 개최한 경우, 공청회에서 제시된 의견이 타당하다고 인정하더라도 도시 · 군기본계획에 반영하지 않을 수 있다.

④ 도시 · 군기본계획 입안일부터 5년 이내에 토지적성평가를 실시한 경우에는 도시 · 군기본계획의 수립을 위한 기초조사의 내용에 포함되어야 하는 토지적성평가를 하지 아니할 수 있다.

⑤ 도지사는 시장 또는 군수가 수립한 도시 · 군기본계획에 대하여 관계 행정기관의 장과 협의하였다면, 지방도시계획위원회의 심의를 거치지 아니하고 승인할 수 있다.

07 국토의 계획 및 이용에 관한 법령상 도시 · 군관리계획에 관한 설명으로 옳은 것은?

① 도시 · 군관리계획 결정의 효력은 지형도면을 고시한 날의 다음 날부터 발생한다.

② 시 · 도지사는 국토교통부장관이 입안하여 결정한 도시 · 군관리계획을 변경하려면 미리 환경부장관과 협의하여야 한다.

③ 개발제한구역의 지정 및 변경에 관한 도시 · 군관리계획은 국토교통부장관이 결정한다.

④ 도시 · 군관리계획도서 및 계획설명서의 작성기준 · 작성방법 등은 조례로 정한다.

⑤ 도지사가 도시 · 군관리계획을 직접 입안하는 경우 지형도면을 작성할 수 없다.

08 국토의 계획 및 이용에 관한 법령상 도시 · 군관리계획의 입안에 관한 설명으로 틀린 것은?

① 주민은 개발제한구역의 변경에 대하여 입안권자에게 도시 · 군관리계획의 입안을 제안할 수 있다.

② 주민이 산업 · 유통개발진흥지구의 지정을 제안하는 경우 그 지정 대상 지역의 면적은 1만제곱미터 이상 3만제곱미터 미만이어야 한다.

③ 도시 · 군관리계획 입안을 제안받은 입안권자는 부득이한 사정이 있는 경우를 제외하고는 제안일부터 45일 이내에 그 제안의 반영여부를 제안자에게 통보하여야 한다.

④ 도시 · 군관리계획 입안을 제안받은 입안권자는 제안자와 협의하여 제안된 도시 · 군관리계획의 입안 등에 필요한 비용의 전부 또는 일부를 제안자에게 부담시킬 수 있다.

⑤ 기반시설의 설치에 관한 도시 · 군관리계획의 입안을 제안하려면 그 제안의 대상이 되는 토지 면적의 5분의 4 이상의 토지소유자의 동의를 받아야 한다.

09 국토의 계획 및 이용에 관한 법령상 도시·군관리계획에 관련된 내용 중 옳은 것은?

① 시장·군수는 인접한 시·군의 전부를 포함하여 도시·군관리계획을 입안할 수는 없다.

② 도시·군관리계획 입안일부터 10년 이내에 재해취약성분석을 실시한 경우에는 재해취약성분석을 실시하지 아니할 수 있다.

③ 시장·군수가 지구단위계획구역의 지정에 관한 도시·군관리계획을 입안한 경우 도지사에게 그 도시·군관리계획의 결정을 신청하여야 한다.

④ 도시·군관리계획결정 당시 이미 사업에 착수한 자는 도시·군관리계획 결정의 고시일부터 30일 이내에 그 사업의 내용을 신고하고 계속할 수 있다.

⑤ 시·도지사는 개발제한구역이 해제되는 지역에 대하여 해제 이후 최초로 결정되는 도시·군관리계획을 결정하려면 미리 국토교통부장관과 협의하여야 한다.

10 국토의 계획 및 이용에 관한 법령상 지형도면의 작성에 관한 설명으로 틀린 것은?

① 지형도면은 특별시장·광역시장·특별자치시장·특별자치도지사·시장·군수가 작성하여야 하는 것이 원칙이다.

② 도시·군관리계획결정은 지형도면을 고시한 날부터 그 효력이 발생한다.

③ 시장·군수가 지구단위계획에 관한 지형도면을 작성한 경우 도지사의 승인을 받아야 한다.

④ 대도시 시장이 지형도면을 작성한 경우 도지사의 승인을 받을 필요가 없다.

⑤ 지형도면의 승인신청을 받은 도지사는 그 지형도면과 결정 고시된 도시·군·관리계획을 대조하여 착오가 없다고 인정되는 때에는 30일 내에 그 지형도면을 승인하여야 한다.

11 국토의 계획 및 이용에 관한 법령상 공간재구조화계획에 관한 설명으로 옳은 것은?

① 공간재구조화계획은 시·도지사 또는 대도시 시장이 결정한다.

② 주민은 도시혁신구역의 지정을 위하여 공간재구조화계획의 입안권자에게 공간재구조화계획의 입안을 제안할 수 있다.

③ 시·도지사가 공간재구조화계획을 결정하려면 용도구역의 지정 및 입지 타당성에 관한 사항에 대하여 지방도시계획위원회의 심의를 거쳐야 한다.

④ 공간재구조화계획 결정의 효력은 지형도면을 고시한 날의 다음 날부터 발생한다.

⑤ 고시된 공간재구조화계획의 내용은 광역도시계획으로 관리하여야 한다.

12 국토의 계획 및 이용에 관한 법령상 시·도지사 또는 대도시 시장이 해당 시·도 또는 대도시의 도시·군계획조례로 정하는 바에 따라 도시·군관리계획결정으로 추가적으로 세분하여 지정할 수 있는 용도지역이 아닌 것은?

① 주거지역   ② 상업지역   ③ 공업지역

④ 녹지지역   ⑤ 관리지역

13 국토의 계획 및 이용에 관한 법령상 용도지역 지정의 특례에 관한 내용으로 옳은 것은?

① 공유수면의 매립목적이 그 매립구역과 이웃하고 있는 용도지역의 내용과 같으면 도시·군관리계획의 결정에 따라 지정하여야 한다.

② 「택지개발촉진법」에 따른 택지개발지구로 지정·고시된 지역은 도시지역에 연접한 경우에 한하여 도시지역으로 결정·고시된 것으로 본다.

③ 「산업입지 및 개발에 관한 법률」에 따른 도시첨단산업단지로 지정·고시된 지역은 도시지역으로 결정·고시된 것으로 본다.

④ 자연환경보전지역에서 「농지법」에 따른 농업진흥지역으로 지정·고시된 지역은 농림지역으로 결정·고시된 것으로 본다.

⑤ 관리지역의 산림 중 「산지관리법」에 따라 보전산지로 지정·고시된 지역은 자연환경보전지역으로 결정·고시된 것으로 본다.

14 국토의 계획 및 이용에 관한 법령상 도시지역 중 건폐율의 최대한도가 낮은 지역부터 높은 지역 순으로 옳게 나열한 것은? (단, 조례 등 기타 강화·완화조건은 고려하지 않음)

① 생산녹지지역 - 제3종 일반주거지역 - 유통상업지역

② 보전녹지지역 - 근린상업지역 - 준공업지역

③ 자연녹지지역 - 일반상업지역 - 준주거지역

④ 일반상업지역 - 준공업지역 - 제2종 일반주거지역

⑤ 전용공업지역 - 중심상업지역 - 제1종 전용주거지역

15 국토의 계획 및 이용에 관한 법령상 건폐율의 특례에 관한 연결이 틀린 것은?

① 취락지구 - 60% 이하

② 도시지역 이외의 지역에 지정된 개발진흥지구 - 40% 이하

③ 수산자원보호구역 - 40% 이하

④ 자연공원법에 의한 자연공원 - 60% 이하

⑤ 농공단지 - 60% 이하

16 국토의 계획 및 이용에 관한 법령상 용도지구에 관한 설명으로 틀린 것은?

① 특화경관지구는 지역 내 주요 수계의 수변 또는 문화적 보존가치가 큰 건축물 주변의 경관 등 특별한 경관을 보호 또는 유지하거나 형성하기 위하여 필요한 지구이다.

② 보호지구는 역사문화환경보호지구, 중요시설물보호지구 및 생태계보호지구로 세분하여 지정할 수 있다.

③ 집단취락지구는 개발제한구역 안의 취락을 정비하기 위하여 필요한 지구이다.

④ 특정용도제한지구는 주거 및 교육 환경 보호나 청소년 보호 등의 목적으로 오염물질 배출시설, 청소년 유해시설 등 특정시설의 입지를 제한할 필요가 있는 지구이다.

⑤ 시·도지사 또는 대도시 시장은 일반상업지역에 복합용도지구를 지정할 수 있다.

17 국토의 계획 및 이용에 관한 법령상 용도지구별 건축제한에 관한 설명으로 옳은 것을 모두 고른 것은? (단, 건축물은 도시·군계획시설이 아님)

> ㉠ 경관지구 안에서는 그 지구의 경관의 보호·형성에 장애가 된다고 인정하여 도시·군계획조례가 정하는 건축물을 건축할 수 없다.
> ㉡ 집단취락지구 안에서는 그 지구의 지정 및 관리에 장애가 된다고 인정하여 도시·군계획조례가 정하는 건축물을 건축할 수 없다.
> ㉢ 고도지구 안에서는 도시·군계획조례로 정하는 높이를 초과하는 건축물을 건축할 수 없다.
> ㉣ 방재지구 안에서는 풍수해·산사태·지반붕괴·지진 그 밖에 재해예방에 장애가 된다고 인정하여 도시·군계획조례가 정하는 건축물을 건축할 수 없다.

① ㉠, ㉡   ② ㉠, ㉢   ③ ㉠, ㉣
④ ㉡, ㉢   ⑤ ㉢, ㉣

18 국토의 계획 및 이용에 관한 법령상 도시혁신구역에서 도시혁신계획으로 따로 정할 수 있는 규정이 아닌 것은?
① 「학교용지 확보 등에 관한 특례법」에 따른 학교용지의 조성·개발 기준
② 「문화예술진흥법」에 따른 건축물에 대한 미술작품의 설치
③ 「주차장법」에 따른 부설주차장의 설치
④ 「건축법」에 따른 건축선의 지정
⑤ 「도시공원 및 녹지 등에 관한 법률」에 따른 도시공원 또는 녹지 확보기준

19 국토의 계획 및 이용에 관한 법령상 복합용도구역으로 지정할 수 있는 지역을 모두 고른 것은?

> ㉠ 도시·군기본계획에 따른 도심·부도심 또는 생활권의 중심지역
> ㉡ 산업구조 또는 경제활동의 변화로 복합적 토지이용이 필요한 지역
> ㉢ 노후 건축물 등이 밀집하여 단계적 정비가 필요한 지역

① ㉠   ② ㉠, ㉡   ③ ㉠, ㉢
④ ㉡, ㉢   ⑤ ㉠, ㉡, ㉢

20 국토의 계획 및 이용에 관한 법령상 도시·군계획시설입체복합구역의 지정에 관한 규정의 일부이다. (   )에 들어갈 내용으로 옳은 것은?

> 제40조의5(도시·군계획시설입체복합구역의 지정) ① 도시·군관리계획의 결정권자는 도시·군계획시설의 입체복합적 활용을 위하여 다음 각 호의 어느 하나에 해당하는 경우에 도시·군계획시설이 결정된 토지의 전부 또는 일부를 도시·군계획시설입체복합구역으로 지정할 수 있다.
> 1. 도시·군계획시설 준공 후 (   )이 경과한 경우로서 해당 시설의 개량 또는 정비가 필요한 경우
> <이하 생략>

① 2년   ② 3년   ③ 5년
④ 10년   ⑤ 20년

21 국토의 계획 및 이용에 관한 법령상 도시·군계획시설사업에 관한 설명으로 옳은 것은?

① 대도시 시장이 작성한 도시·군계획시설사업에 관한 실시계획은 국토교통부장관의 인가를 받아야 한다.

② 도시·군계획시설사업이 둘 이상의 시 또는 군의 관할 구역에 걸쳐 시행되게 되는 경우에는 국토교통부장관이 시행자를 정한다.

③ 도시·군계획시설사업의 대상시설을 둘 이상으로 분할하여 도시·군계획시설사업을 시행할 수 없다.

④ 「한국토지주택공사법」에 따른 한국토지주택공사가 도시·군계획시설사업의 시행자로 지정받기 위해서 사업 대상 토지 면적의 3분의 2 이상의 토지소유자의 동의를 얻어야 한다.

⑤ 「한국전력공사법」에 따른 한국전력공사는 도시·군계획시설사업의 시행자가 될 수 있다.

22 甲 소유의 토지는 A광역시 B구에 소재한 지목이 대(垈)인 토지로서 한국토지주택공사를 사업시행자로 하는 도시·군계획시설 부지이다. 甲의 토지에 대해 국토의 계획 및 이용에 관한 법령상 도시·군계획시설 부지의 매수청구권이 인정되는 경우, 이에 관한 설명으로 옳은 것은? (단, 도시·군계획시설의 설치의무자는 사업시행자이며, 조례는 고려하지 않음)

① 甲의 토지의 매수의무자는 B구청장이다.

② 甲이 매수청구를 할 수 있는 대상은 토지이며, 그 토지에 있는 건축물은 포함되지 않는다.

③ 甲이 원하는 경우 매수의무자는 도시·군계획시설채권을 발행하여 그 대금을 지급할 수 있다.

④ 매수의무자는 매수청구를 받은 날부터 6개월 이내에 매수여부를 결정하여 甲과 A광역시장에게 알려야 한다.

⑤ 매수청구에 대해 매수의무자가 매수하지 아니하기로 결정한 경우 甲은 자신의 토지에 2층의 다세대주택을 건축할 수 있다.

23 국토의 계획 및 이용에 관한 법령상 지구단위계획에 관한 설명으로 옳은 것은?

① 개발제한구역·도시자연공원구역·시가화조정구역 또는 공원에서 해제되는 구역 중 계획적인 개발 또는 관리가 필요한 지역은 지구단위계획구역으로 지정하여야 한다.

② 용도지구로 지정된 지역에 대하여는 지구단위계획구역을 지정할 수 없다.

③ 「도시 및 주거환경정비법」에 따라 지정된 정비구역의 일부에 대하여 지구단위계획구역을 지정할 수 있다.

④ 도시지역 외 지구단위계획구역에서는 당해 용도지역에 적용되는 건축물 높이의 150% 이내에서 높이제한을 완화하여 적용할 수 있다.

⑤ 농림지역에 지정된 주거개발진흥지구는 지구단위계획구역으로 지정할 수 있다.

24 국토의 계획 및 이용에 관한 법령상 지구단위계획에 관한 설명으로 틀린 것은?

① 지구단위계획구역의 지정에 관한 고시일부터 5년 이내에 지구단위계획이 결정·고시되지 아니하면 그 5년이 되는 날에 지구단위계획구역의 지정에 관한 도시·군관리계획결정은 효력을 잃는다.

② 지구단위계획에는 건축물의 건축선에 관한 계획이 포함될 수 있다.

③ 지구단위계획구역 및 지구단위계획은 도시·군관리계획으로 결정한다.

④ 국토교통부장관, 시·도지사, 시장 또는 군수는 지구단위계획구역 지정이 효력을 잃으면 지체 없이 그 사실을 고시하여야 한다.

⑤ 국토교통부장관은 용도지구의 전부 또는 일부에 대하여 지구단위계획구역을 지정할 수 있다.

25 국토의 계획 및 이용에 관한 법령상 개발행위허가를 받아야 하는 행위는?

① 개발행위허가를 받은 사항을 변경하는 경우로서 사업기간을 단축하는 경우
② 「도시개발법」에 따른 도시개발사업에 의한 건축물의 건축
③ 사도개설허가를 받은 토지의 분할
④ 농림지역안에서의 농림어업용 비닐하우스(비닐하우스 안에 설치하는 육상어류양식장을 제외한다)의 설치
⑤ 2미터 이상의 절토·성토가 수반되는 경작을 위한 형질변경

26 국토의 계획 및 이용에 관한 법령상 개발행위허가에 관한 설명으로 옳은 것은?

① 환경오염 방지 등을 위하여 필요한 경우 지방자치단체가 시행하는 개발행위에 대하여 이행보증금을 예치하게 할 수 있다.
② 개발행위허가를 받은 부지면적을 3% 확대하는 경우에는 별도의 변경허가를 받지 않아도 된다.
③ 「사방사업법」에 따른 사방사업을 위한 개발행위는 중앙도시계획위원회와 지방도시계획위원회의 심의를 거치지 아니한다.
④ 재해복구를 위한 응급조치로서 공작물의 설치를 하려는 자는 도시·군계획사업에 의한 행위가 아닌 한 개발행위허가를 받아야 한다.
⑤ 경작을 위한 경우라도 전·답 사이의 지목변경을 수반하는 토지의 형질변경은 허가를 받아야 한다.

27 국토의 계획 및 이용에 관한 법령에 따라 녹지지역이나 계획관리지역으로서 수목이 집단적으로 자라고 있는 지역에 대해서 개발행위허가를 제한하려는 경우에 관한 설명으로 틀린 것은?

① 개발행위허가를 제한하고자 하는 자가 국토교통부장관인 경우에는 중앙도시계획위원회의 심의를 거쳐야 한다.
② 한 차례만 3년 이내의 기간 동안 개발행위허가를 제한할 수 있다.
③ 한 차례만 2년 이내의 기간 동안 개발행위허가의 제한을 연장할 수 있다.
④ 국토교통부장관, 시·도지사, 시장 또는 군수는 개발행위허가를 제한하려면 대통령령으로 정하는 바에 따라 제한지역·제한사유·제한대상행위 및 제한기간을 미리 고시하여야 한다.
⑤ 개발행위허가 제한지역 등을 고시한 국토교통부장관, 시·도지사, 시장 또는 군수는 해당 지역에서 개발행위를 제한할 사유가 없어진 경우에는 그 제한기간이 끝나기 전이라도 지체 없이 개발행위허가의 제한을 해제하여야 한다.

28 국토의 계획 및 이용에 관한 법령상 개발행위에 따른 공공시설 등의 귀속에 관한 설명으로 틀린 것은?

① 개발행위허가를 받은 자가 행정청인 경우 개발행위허가를 받은 자가 새로 공공시설을 설치한 경우 새로 설치된 공공시설은 그 시설을 관리할 관리청에 무상으로 귀속된다.
② 개발행위허가를 받은 자가 행정청인 경우 개발행위허가를 받은 자가 기존의 공공시설에 대체되는 공공시설을 설치한 경우 종래의 공공시설은 개발행위허가를 받은 자에게 무상으로 귀속된다.
③ 개발행위허가를 받은 자가 행정청이 아닌 경우 개발행위허가를 받은 자가 새로 설치한 공공시설은 그 시설을 관리할 관리청에 무상으로 귀속된다.
④ 개발행위허가를 받은 자가 행정청이 아닌 경우 개발행위로 용도가 폐지되는 공공시설은 개발행위허가를 받은 자에게 무상으로 귀속된다.
⑤ 특별시장·광역시장·특별자치시장·특별자치도지사·시장 또는 군수는 공공시설의 귀속에 관한 사항이 포함된 개발행위허가를 하려면 미리 관리청의 의견을 들어야 한다.

29 국토의 계획 및 이용에 관한 법령상 성장관리계획을 수립한 지역에서 건폐율은 다음의 범위에서 지방자치단체의 조례로 정할 수 있다. 틀린 것은?

① 자연녹지지역 : 30퍼센트 이하
② 계획관리지역 : 50퍼센트 이하
③ 생산관리지역 : 30퍼센트 이하
④ 보전관리지역 : 30퍼센트 이하
⑤ 농림지역 : 30퍼센트 이하

30 국토의 계획 및 이용에 관한 법령상 개발밀도관리구역 및 기반시설부담구역에 관한 설명으로 옳은 것은?

① 개발밀도관리구역에서는 당해 용도지역에 적용되는 건폐율 또는 용적률을 강화 또는 완화하여 적용할 수 있다.
② 군수가 개발밀도관리구역을 지정하려면 지방도시계획위원회의 심의를 거쳐 도지사의 승인을 받아야 한다.
③ 해당 지역의 전년도 개발행위허가 건수가 전전년도 개발행위허가 건수보다 10퍼센트 이상 증가한 지역에는 기반시설부담구역을 지정하여야 한다.
④ 기반시설부담구역의 지정고시일부터 1년이 되는 날까지 기반시설설치계획을 수립하지 아니하면 그 1년이 되는날의 다음 날에 구역의 지정은 해제된 것으로 본다.
⑤ 기반시설부담구역에서 개발행위를 허가받고자 하는 자에게는 기반시설 설치비용을 부과하여야 한다.

31 도시개발법령상 개발계획에 관한 사항으로 옳은 것은?

① 개발계획 작성의 기준 및 방법은 시·도의 조례로 정한다.
② 자연녹지지역에 도시개발구역을 지정할 때에는 도시개발구역을 지정한 후에 개발계획을 수립할 수 있다.
③ 환지방식으로 도시개발사업을 시행하기 위해 개발계획을 수립하는 때에는 토지면적의 2분의 1 이상의 토지소유자와 토지소유자 총수의 3분의 2 이상의 동의를 얻어야 한다.
④ 개발계획에는 지구단위계획이 포함되어야 한다.
⑤ 재원조달계획은 도시개발구역을 지정한 후에 개발계획에 포함시킬 수 있다.

32 도시개발법령상 국토교통부장관이 도시개발구역을 지정할 수 있는 경우가 아닌 것은?

① 국가가 도시개발사업을 실시할 필요가 있는 경우
② 산업통상자원부장관이 10만 제곱미터 규모로 도시개발구역의 지정을 요청하는 경우
③ 지방공사의 장이 30만 제곱미터 규모로 도시개발구역의 지정을 요청하는 경우
④ 한국토지주택공사 사장이 30만 제곱미터 규모로 국가계획과 밀접한 관련이 있는 도시개발구역의 지정을 제안하는 경우
⑤ 천재·지변으로 인하여 도시개발사업을 긴급하게 할 필요가 있는 경우

33 도시개발구역으로 지정할 수 있는 규모로 옳은 것은?

① 도시지역 안의 주거지역 : 10,000m² 이상
② 도시지역 안의 상업지역 : 5,000m² 이상
③ 도시지역 안의 공업지역 : 20,000m² 이상
④ 도시지역 안의 자연녹지지역 : 5,000m² 이상
⑤ 도시지역 외의 지역 : 200,000m² 이상

34 도시개발법령상 도시개발구역의 지정에 관한 설명으로 옳은 것은?

① 서로 떨어진 둘 이상의 지역은 결합하여 하나의 도시개발구역으로 지정 될 수 없다.
② 국가가 도시개발사업의 시행자인 경우 환지 방식의 사업에 대한 개발계 획을 수립하려면 토지 소유자의 동의를 받아야 한다.
③ 광역시장이 개발계획을 변경하는 경우 군수 또는 구청장은 광역시장으로 부터 송부 받은 관계 서류를 일반인에게 공람시키지 않아도 된다.
④ 도시개발구역의 지정은 도시개발사업의 공사 완료의 공고 일에 해제된 것으로 본다.
⑤ 도시개발사업의 공사 완료로 도시개발구역의 지정이 해제 의제된 경우에 는 도시개발구역의 용도지역은 해당도시개발구역 지정 전의 용도지역으 로 환원되거나 폐지된 것으로 보지 아니한다.

35 도시개발법령상 도시개발사업의 시행자에 관한 설명으로 틀린 것은?

① 도시개발사업의 시행자는 도시개발구역의 지정권자가 지정한다.
② 지방공사인 도시개발사업의 시행자는 설계·분양 등 도시개발사업의 일 부를 「주택법」에 따른 주택건설사업자 등으로 하여금 대행하게 할 수 있다.
③ 도시개발조합은 도시개발사업의 전부를 환지방식으로 시행하는 경우에 만 시행자가 될 수 있다.
④ 도시개발구역의 국공유지를 제외한 토지면적의 2분의 1 이상에 해당하는 토지 소유자 및 토지 소유자 총수의 2분의 1 이상이 동의하면 도시개발구 역의 전부를 환지방식으로 시행하는 경우에도 지방자치단체등을 시행자 로 지정할 수 있다.
⑤ 지방자치단체의 장이 집행하는 공공시설에 관한 사업과 병행하여 시행할 필요가 있는 경우 지정권자는 시행자를 변경할 수 있다.

36 도시개발법령상 도시개발조합에 대한 설명으로 틀린 것은?

① 조합원은 도시개발구역 안에 소재한 토지 소유자로 한다.
② 조합이 작성하는 정관에는 도시개발사업의 명칭이 포함되어야 한다.
③ 조합의 임원은 그 조합의 다른 임원이나 직원을 겸할 수 없다.
④ 조합설립인가를 받은 조합이 주된 사무소의 소재지를 변경하려면 지정권 자로부터 변경인가를 받아야 한다.
⑤ 조합은 부과금을 체납하는 자가 있으면 대통령령으로 정하는 바에 따라 특별자치도지사·시장·군수 또는 구청장에게 그 징수를 위탁할 수 있다.

37 도시개발법령상 도시개발조합 총회의 권한 중 대의원회가 대행할 수 있는 사항을 모두 고른 것은?

> ⊙ 정관의 변경
> ⓛ 청산금의 징수·교부를 완료한 후에 하는 조합의 해산
> ⓒ 환지계획의 작성
> ⓔ 실시계획의 작성
> ⓜ 조합임원의 선임

① ⊙, ⓛ   ② ⓛ, ⓒ   ③ ⓛ, ⓔ
④ ⓒ, ⓔ   ⑤ ⓔ, ⓜ

38 도시개발법령상 도시개발사업의 시행방식과 관련된 설명 중 옳은 것은?

① 개발계획에는 도시개발사업의 시행방식이 포함되어야 한다.
② 도시개발사업을 시행하는 지역의 지가가 인근의 다른 지역에 비하여 현저히 높은 경우에 수용 또는 사용방식으로 시행하는 것이 원칙이다.
③ 수용 또는 사용방식은 대지로서의 효용증진과 공공시설의 정비를 위하여 지목 또는 형질의 변경이나 공공시설의 설치·변경이 필요한 경우에 시행하는 방식이다.
④ 계획적이고 체계적인 도시개발 등 집단적인 조성이 필요한 경우에 환지방식으로 시행하는 것을 원칙으로 한다.
⑤ 수용 또는 사용하는 방식과 환지방식을 혼용하여 시행하는 경우에 각각의 방식이 적용되는 구역으로 구분하여 사업시행지구로 분할하여 시행할 수 없다.

39 도시개발법령상 수용방식의 도시개발사업의 시행과 관련된 내용으로 옳은 것은?

① 대지로서의 효용증진과 공공시설의 정비를 위하여 토지의 교환·분합, 그 밖의 구획변경 등이 필요한 경우 수용 또는 사용방식으로 시행한다.
② 민간사업시행자는 사업대상 토지면적 3분의 2 이상의 토지를 소유하고 토지소유자 총수 2분의 1 이상의 동의를 얻어야 수용·사용할 수 있다.
③ 한국토지주택공사인 시행자가 선수금을 받으려면 공급계약의 불이행 시 선수금의 환불을 담보하기 위하여 보증서 등을 지정권자에게 제출하여야 한다.
④ 원형지를 학교부지로 직접 사용하는 자를 원형지개발자로 선정하는 경우 수의계약의 방식으로 한다.
⑤ 조성토지 등의 가격을 평가할 때에는 토지평가협의회의 심의를 거쳐 결정하여야 한다.

40 도시개발법령상 토지상환채권의 발행에 관한 설명으로 옳은 것은?

① 토지상환채권을 상환하는 경우 사업 시행으로 조성된 건축물로 상환할 수 없다.
② 토지상환채권의 이율은 발행당시의 은행의 예금금리 및 부동산 수급상황을 고려하여 지정권자가 정한다.
③ 시행자는 토지상환채권을 발행하려면 미리 행정안전부장관의 승인을 받아야 한다.
④ 토지상환채권을 질권의 목적으로 하는 경우에는 질권자의 성명과 주소가 토지상환채권원부에 기재되지 아니하면 질권자는 발행자 및 그 밖의 제3자에게 대항하지 못한다.
⑤ 한국토지주택공사는 대통령령으로 정하는 금융기관 등으로부터 지급보증을 받은 경우에만 토지상환채권을 발행할 수 있다.

41 도시개발법령상 원형지의 공급과 개발에 관한 설명으로 틀린 것은?

① 원형지개발자의 선정은 수의계약의 방법으로 하는 것이 원칙이다.

② 지방자치단체가 원형지 개발자인 경우 10년의 범위에서 대통령령이 정하는 기간 안에는 원형지를 매각할 수 없다.

③ 공급될 수 있는 원형지는 도시개발구역 전체 토지면적의 3분의 1 이내로 한정한다.

④ 원형지 공급가격은 개발계획이 반영된 원형지의 감정가격에 시행자가 원형지에 설치한 기반시설 등의 공사비를 더한 금액을 기준으로 시행사와 원형지개발자가 협의하여 결정한다.

⑤ 원형지개발자가 세부계획에서 정한 착수기한 안에 공사에 착수하지 아니하는 경우에는 공급계약을 해제할 수 있다.

42 도시개발법령상 도시개발사업의 시행으로 인하여 조성된 토지 등의 공급 방법이다. 틀린 것은?

① 시행자(지정권자 제외)는 조성토지 등을 공급하고자 하는 때에는 조성토지 등의 공급계획을 작성 또는 변경하여 지정권자에게 제출하여야 한다.

② 조성토지 등의 공급은 경쟁입찰의 방법에 따른다.

③ 시행자는 학교, 폐기물처리시설, 이주단지의 조성을 위한 토지를 공급하는 경우에는 감정평가법인 등이 평가한 가격 이하로 공급할 수 있다.

④ 330m² 이하의 단독주택용지는 경쟁입찰 방법으로 공급하여야 한다.

⑤ 토지상환채권에 의하여 토지를 상환하는 경우 수의계약의 방법으로 조성토지 등을 공급할 수 있다.

43 도시개발법령상 환지방식에 의한 사업시행에 관한 설명으로 옳은 것은?

① 환지계획에서 정하여진 환지는 그 환지처분이 공고된 날부터 종전의 토지로 본다.

② 체비지는 환지계획에서 정한 자가 환지처분이 공고된 날에 소유권을 취득한다.

③ 과소토지여서 환지대상에서 제외한 토지에 대하여는 청산금을 교부하는 때에 청산금을 결정할 수 있다.

④ 도시개발사업의 시행으로 행사할 이익이 없어진 지역권은 환지처분이 공고된 날의 다음 날이 끝나는 때에 소멸한다.

⑤ 환지처분은 행정상 처분으로서 종전의 토지에 전속(專屬)하는 것에 관하여 영향을 미친다.

44 도시개발법령상 도시개발채권에 관한 설명으로 옳은 것은?

① 도시개발조합은 도시·군계획시설사업에 필요한 자금을 조달하기 위하여 도시개발채권을 발행할 수 있다.

② 이율은 채권의 발행 당시의 국채·공채 등의 금리 등을 고려하여 발행자가 정한다.

③ 도시개발채권은 기명증권으로 발행한다.

④ 시·도지사가 도시개발채권을 발행하는 경우 상환방법 및 절차에 대하여 행정안전부장관의 승인을 받아야 한다.

⑤ 도시개발채권의 소멸시효는 상환일부터 기산하여 원금은 3년, 이자는 2년으로 한다.

45 도시 및 주거환경정비법령상의 용어 및 내용에 대한 설명 중 옳은 것은?

① 주거환경개선사업이란 정비기반시설이 열악하고 노후·불량건축물이 밀집한 지역에서 주거환경을 개선하는 사업을 말한다.

② 상업지역·공업지역 등에서 도시기능의 회복 및 상권활성화 등을 위하여 도시환경을 개선하기 위한 사업은 재개발사업에 해당한다.

③ 준공일 기준으로 20년까지 사용하기 위한 보수·보강비용이 철거 후 신축비용보다 큰 건축물은 노후·불량건축물에 해당한다.

④ 공용주차장은 공동이용시설에 해당한다.

⑤ 주거환경개선사업의 경우 토지등소유자란 정비구역안에 소재한 토지 또는 건축물의 소유자 또는 그 임차권자를 말한다.

46 도시 및 주거환경정비법령상 정비기반시설이 아닌 것을 모두 고른 것은? (단, 주거환경개선사업을 위하여 지정·고시된 정비구역이 아님)

㉠ 광장	㉡ 구거(構渠)	㉢ 놀이터
㉣ 녹지	㉤ 공동구	㉥ 마을회관

① ㉠, ㉡   ② ㉡, ㉢   ③ ㉢, ㉥

④ ㉣, ㉤   ⑤ ㉤, ㉥

47 도시 및 주거환경정비법령상 도시·주거환경정비기본계획(이하 '기본계획'이라 한다)에 대한 설명으로 옳은 것은?

① 기본계획은 특별시장·광역시장·시장 또는 군수가 수립한다.

② 특별시장이 기본계획을 수립한 때에는 국토교통부장관의 승인을 받아야 한다.

③ 기본계획에 대하여는 3년마다 그 타당성 여부를 검토하여 그 결과를 기본계획에 반영하여야 한다.

④ 기본계획을 수립 또는 변경하고자 하는 때에는 14일 이상 주민에게 공람하여야 한다.

⑤ 기본계획을 수립하고자 하는 때에는 지방의회의 의견을 들어야 하며, 지방의회는 기본계획이 통지된 날부터 30일 이내에 의견을 제시하여야 한다.

48 도시 및 주거환경정비법령상 정비구역 안에서 시장·군수등의 허가를 받아야 하는 행위가 아닌 것은? (단, 재해복구 또는 재난수습과 관련 없는 행위임)

① 정비구역 안에 존치하기로 결정된 대지 안에서 물건을 쌓아놓는 행위

③ 토지분할

④ 가설건축물의 건축

② 공유수면의 매립

⑤ 경작지에서 관상용 죽목의 임시식재

49 도시 및 주거환경정비법령상 정비구역의 해제사유에 해당하는 것은?

① 조합의 재건축사업의 경우, 토지등소유자가 정비구역으로 지정·고시된 날부터 1년이 되는 날까지 조합설립추진위원회의 승인을 신청하지 않은 경우

② 조합의 재건축사업의 경우, 토지등소유자가 정비구역으로 지정·고시된 날부터 2년이 되는 날까지 조합설립인가를 신청하지 않은 경우

③ 조합의 재건축사업의 경우, 조합설립추진위원회가 추진위원회 승인일부터 1년이 되는 날까지 조합설립인가를 신청하지 않은 경우

④ 토지등소유자가 재개발사업을 시행하는 경우로서 토지등소유자가 정비구역으로 지정·고시된 날부터 5년이 되는 날까지 사업시행계획인가를 신청하지 않은 경우

⑤ 조합설립추진위원회가 구성된 구역에서 토지등소유자의 100분의 20이 정비구역의 해제를 요청한 경우

50 도시 및 주거환경정비법령상 재건축사업의 안전진단에 대한 설명으로 옳은 것은?

① 재건축사업의 안전진단은 주택단지 내의 공동주택을 대상으로 한다.

② 주택의 구조안전상 사용금지가 필요하다고 시·도지사가 인정하는 건축물은 안전진단 대상에서 제외할 수 있다.

③ 정비계획의 입안권자는 안전진단의 요청이 있는 때에는 요청일부터 30일 이내에 국토교통부장관이 정하는 바에 따라 안전진단의 실시여부를 결정하여 요청인에게 통보하여야 한다.

④ 시·도지사는 안전진단의 결과와 도시계획 및 지역여건 등을 종합적으로 검토하여 정비계획의 입안 여부를 결정하여야 한다.

⑤ 안전진단에 드는 비용은 안전진단을 요청하는 자가 부담하는 것이 원칙이다.

51 도시 및 주거환경정비법상 정비사업의 시행방법에 관한 설명으로 옳은 것은?

① 주거환경개선사업의 경우 관리처분계획에 따라 주택을 건설하여 공급하는 방법은 허용되지 않는다.

② 재개발사업은 정비구역에서 인가받은 관리처분계획에 따라 건축물을 건설하여 공급하거나, 환지로 공급하는 방법으로 한다.

③ 재건축사업의 시행자가 정비구역의 전부를 수용하여 주택을 건설한 후 토지등소유자에게 공급하는 방법으로 시행할 수 있다.

④ 재건축사업은 환지로 공급하는 방법으로도 시행할 수 있다.

⑤ 재건축사업으로 공급하는 오피스텔은 전체 건축물 연면적의 100분의 20 이하이어야 한다.

52 도시 및 주거환경정비법령상 정비사업의 시행방법 및 시행자에 관한 설명으로 옳은 것은?

① 주거환경개선사업은 사업시행자가 정비구역에서 인가받은 관리처분계획에 따라 주택 및 부대시설·복리시설을 건설하여 공급하는 방법으로도 시행할 수 있다.

② 주거환경개선사업은 조합이 시행하는 것이 원칙이다.

③ 재건축사업을 조합이 시장·군수등과 공동으로 시행하려면 조합원의 3분의 2 이상의 동의를 받아야 한다.

④ 재건축사업의 토지등소유자가 30명 미만인 경우 조합을 구성하지 아니하고 토지등소유자가 시행할 수 있다.

⑤ 준공업지역에서 재건축사업을 시행하는 경우 관리처분계획에 따라 오피스텔을 건설하여 공급할 수 있다.

53 도시 및 주거환경정비법령상 시공자의 선정 등에 관한 내용으로 옳은 것은?

① 추진위원회 승인을 받은 후 시공자를 선정하는 것이 원칙이다.
② 조합원이 200명 이하의 경우에는 정관으로 정하는 바에 따라 선정할 수 있다.
③ 재개발사업을 토지등소유자가 시행하는 경우 사업시행계획인가를 받은 후 경쟁입찰의 방법으로 시공자를 선정하여야 한다.
④ 시장·군수등이 정비사업을 시행하는 경우 사업시행계획인가를 받은 후 시공자를 선정하여야 한다.
⑤ 사업시행자는 선정된 시공자와 공사에 관한 계약을 체결할 때에는 기존 건축물의 철거 공사에 관한 사항을 포함하여야 한다.

54 도시 및 주거환경정비법령상 조합임원에 관한 설명으로 옳은 것은?

① 토지등소유자의 수가 100명 미만인 조합에는 감사를 두지 않을 수 있다.
② 조합임원이 결격사유에 해당되어 퇴임되더라도 퇴임 전에 관여한 행위는 그 효력을 잃지 않는다.
③ 조합장의 자기를 위한 조합과의 소송에 관하여는 이사가 조합을 대표한다.
④ 조합임원은 같은 목적의 정비사업을 하는 다른 조합의 임원을 겸할 수 있다.
⑤ 조합장을 포함하여 조합임원은 조합의 대의원이 될 수 없다.

55 도시 및 주거환경정비법령상 조합설립 등에 관하여 ( )에 들어갈 내용을 바르게 나열한 것은?

> • 재개발사업의 추진위원회가 조합을 설립하려면 토지등소유자의 (㉠) 이상 및 토지면적의 (㉡) 이상의 토지소유자의 동의를 받아 시장·군수등의 인가를 받아야 한다.
> • 조합이 정관의 기재사항 중 조합원의 자격에 관한 사항을 변경하려는 경우에는 총회를 개최하여 조합원 (㉢) (이상)의 찬성으로 시장·군수등의 인가를 받아야 한다.

① ㉠: 3분의 2, ㉡: 3분의 1, ㉢: 3분의 2
② ㉠: 3분의 2, ㉡: 2분의 1, ㉢: 과반수
③ ㉠: 4분의 3, ㉡: 3분의 1, ㉢: 과반수
④ ㉠: 4분의 3, ㉡: 2분의 1, ㉢: 3분의 2
⑤ ㉠: 4분의 3, ㉡: 3분의 2, ㉢: 과반수

56 도시 및 주거환경정비법령상 정비사업에 관한 설명으로 틀린 것은?

① 사업시행자는 재건축사업을 시행할 때 건축물 또는 토지만 소유한 자의 토지 또는 건축물에 대하여 매도청구할 수 있다.
② 사업시행자는 재건축사업의 시행으로 철거되는 주택의 소유자 또는 세입자에 대하여 주택자금의 융자알선 등 임시거주에 상응하는 조치를 하여야 한다.
③ 재개발사업의 사업시행자는 사업시행으로 이주하는 상가세입자가 사용할 수 있도록 정비구역 또는 정비구역의 인근에 임시상가를 설치할 수 있다.
④ 재건축사업을 시행하는 경우 조합설립인가일 현재 조합원 전체의 공동소유인 토지 또는 건축물은 조합 소유의 토지 또는 건축물로 본다.
⑤ 정비사업의 시행으로 인하여 지상권·전세권 또는 임차권의 설정목적을 달성할 수 없는 때에는 그 권리자는 계약을 해지할 수 있다.

57 도시 및 주거환경정비법령상 관리처분계획에 관한 설명으로 옳은 것은?

① 사업시행자는 사업시행계획인가의 고시가 있은 날부터 90일 이내에 개략적인 부담금내역 및 분양신청기간 등을 토지등소유자에게 통지하여야 한다.

② 분양신청기간은 통지한 날부터 20일 이상 30일 이내로 하여야 한다.

③ 대지 또는 건축물에 대한 분양을 받고자 하는 토지등소유자는 시장·군수에게 분양신청을 하여야 한다.

④ 사업시행자는 분양신청을 하지 아니한 자에 대해서는 관리처분계획이 인가·고시된 다음 날부터 90일 이내에 토지·건축물 또는 그 밖의 권리의 손실보상에 관한 협의를 하여야 한다.

⑤ 투기과열지구의 정비사업에서 관리처분계획에 따른 분양대상자는 분양대상자 선정일부터 10년 이내에는 투기과열지구에서 분양신청을 할 수 없다.

58 도시 및 주거환경정비법령상 관리처분계획에 관한 설명으로 옳은 것은?

① 너무 좁은 토지라도 토지등소유자가 동의하지 아니하면 현금으로 청산할 수 없다.

② 분양설계에 관한 계획은 분양신청기간이 만료하는 날을 기준으로 하여 수립한다.

③ 사업시행자는 관리처분계획을 변경·중지 또는 폐지하려는 경우에는 시장·군수등에게 신고하여야 한다.

④ 과밀억제권역에 위치한 재건축사업의 토지등소유자에게는 소유한 주택 수만큼 공급할 수 있다.

⑤ 재개발사업의 경우 관리처분은 조합이 조합원 전원의 동의를 받아 그 기준을 따로 정하는 경우에는 그에 따른다.

59 도시 및 주거환경정비법령상 청산금에 대한 설명으로 틀린 것은?

① 청산금은 소유권 이전의 고시가 있은 후에 징수하거나 지급하는 것이 원칙이다.

② 청산금은 종전에 소유하고 있던 토지 또는 건축물의 가격과 분양받은 대지 또는 건축물의 가격은 그 토지 또는 건축물의 규모·위치·용도·이용상황·정비사업비 등을 참작하여 평가하여야 한다.

③ 청산금을 납부할 자가 이를 납부하지 아니하는 경우에는 시장·군수 등이 아닌 사업시행자는 지방세체납처분의 예에 의하여 이를 강제징수할 수 있다.

④ 청산금을 지급받을 자가 이를 받을 수 없거나 거부한 때에는 사업시행자는 그 청산금을 공탁할 수 있다.

⑤ 청산금을 지급받을 권리 또는 이를 징수할 권리는 소유권이전의 고시일 다음 날부터 5년간 이를 행사하지 아니하면 소멸한다.

60 건축법령상 용어에 관련된 설명으로 옳은 것은?

① 초고층건축물이란 층수가 30층 이상이거나 높이가 120m 이상인 건축물을 말한다.

② 기둥과 기둥 사이의 거리가 15미터인 건축물은 특수구조 건물로서 건축물 내진등급의 설정에 관한 규정을 강화하여 적용할 수 있다.

③ 16층 이상인 건축물은 다중이용 건축물에 해당된다.

④ 이전이란 건축물의 주요구조부를 해체하여 같은 대지의 다른 위치로 옮기는 것을 말한다.

⑤ 지하층이란 건축물의 바닥이 지표면 아래에 있는 층으로서 바닥에서 지표면까지 평균높이가 해당 층 높이의 3분의 2 이상인 것을 말한다.

61 건축법령상 건축물과 관련된 설명으로 옳은 것을 모두 고른 것은?

> ㉠ 도시지역 및 지구단위계획구역 외의 지역으로서 동이나 읍이 아닌 지역은 대지분할제한에 관한 규정을 적용하지 아니한다.
> ㉡ 주요구조부란 내력벽, 기둥, 바닥, 보, 차양 및 주계단을 말한다.
> ㉢ 문화 및 집회시설 중 동물원 용도로 쓰는 바닥면적의 합계가 5천제곱미터 이상인 건축물은 다중이용 건축물에 해당한다.
> ㉣ 고속도로 통행료징수시설은 건축법을 적용하지 아니한다.

① ㉠, ㉡   ② ㉠, ㉢   ③ ㉠, ㉣
④ ㉡, ㉣   ⑤ ㉢, ㉣

62 건축법령상 건축에 관한 설명으로 옳은 것은?

① 부속건축물만 있는 대지에 새로 주된 건축물을 축조하는 것은 증축이다.
② 건축물의 주요구조부를 해체하여 같은 대지의 다른 위치로 옮기는 것은 이전이다.
③ 기존 건축물의 전부를 해체하고 그 대지에 종전 규모를 초과하는 건축물을 축조하는 것은 개축이다.
④ 기존 건축물이 멸실된 대지에 종전의 규모를 초과하여 건축하는 것은 신축이다.
⑤ 기존 건축물의 연면적의 증가 없이 높이만을 늘리는 것은 증축이 아니다.

63 건축법령상 대수선에 해당하지 않는 것은? (다만, 증축·개축 또는 재축에 해당하지 아니하는 것임)

① 내력벽의 벽면적을 $30m^2$ 이상 수선하는 것
② 건축물의 외벽에 사용하는 창문틀을 해체하는 것
③ 기둥을 3개 이상 수선하는 것
④ 특별피난계단을 증설하는 것
⑤ 다세대주택의 세대간 경계벽을 변경하는 것

64 건축법령상 특별시에서 기존 건축물의 용도를 변경하고자 하는 경우에 관한 설명으로 옳은 것은?

① 운수시설을 창고시설로 용도변경하는 경우 관할 구청장에게 허가를 받아야 한다.
② 발전시설을 공장으로 용도변경하는 경우 특별시장의 허가를 받아야 한다.
③ 운동시설을 수련시설로 용도변경하는 경우 관할 구청장에게 신고하여야 한다.
④ 숙박시설을 종교시설로 용도변경하는 경우 특별시장에게 신고하여야 한다.
⑤ 업무시설을 교육연구시설로 용도변경하는 경우 특별시장에게 건축물대장 기재내용의 변경을 신청하여야 한다.

65 건축법령상 건축 관련 입지와 규모의 사전결정에 관한 설명으로 틀린 것은?

① 건축허가 대상 건축물을 건축하려는 자는 건축허가를 신청하기 전에 허가권자에게 해당 대지에 건축 가능한 건축물의 규모에 대한 사전결정을 신청할 수 있다.
② 사전결정신청자는 건축위원회 심의와 「도시교통정비 촉진법」에 따른 교통영향평가서의 검토를 동시에 신청할 수 있다.
③ 허가권자는 사전결정이 신청된 건축물의 대지면적이 「환경영향평가법」에 따른 소규모 환경영향평가 대상사업인 경우 환경부장관이나 지방환경관서의 장과 소규모 환경영향평가에 관한 협의를 하여야 한다.
④ 사전결정신청자가 사전결정 통지를 받은 경우에는 「하천법」에 따른 하천점용허가를 받은 것으로 본다.
⑤ 사전결정신청자는 사전결정을 통지받은 날부터 2년 이내에 건축허가를 받아야 하며, 이 기간에 건축허가를 받지 아니하면 사전결정의 효력은 상실된다.

66 건축법상 건축허가에 관한 설명으로 옳은 것은?

① 건축허가에 관한 권한은 시장·군수·구청장의 고유권한이다.

② 특별시장·광역시장·도지사는 주무부장관이 요청하면 허가권자의 건축허가나 허가를 받은 건축물의 착공을 제한할 수 있다.

③ 허가권자는 건축허가를 받은 후 1년 이내에 착수하지 아니한 경우 건축허가를 취소할 수 있다.

④ 허가권자는 숙박시설에 해당하는 건축물이 주거환경 등 주변환경을 감안할 때 부적합하다고 인정하는 경우 건축위원회의 심의를 거쳐 건축허가를 하지 아니할 수 있다.

⑤ 시장·군수·구청장은 21층 이상의 건축물을 허가하는 경우 시·도지사의 사전승인을 받아야 한다.

67 건축법령상 허가대상 건축물이라 하더라도 건축신고를 하면 건축허가를 받은 것으로 보는 경우가 아닌 것은?

① 연면적이 150제곱미터이고 2층인 건축물의 대수선

② 보를 5개 수선하는 것

③ 내력벽의 면적을 50제곱미터 수선하는 것

④ 소규모 건축물로서 연면적의 합계가 150제곱미터인 건축물의 신축

⑤ 소규모 건축물로서 건축물의 높이를 3미터 증축하는 건축물의 증축

68 건축법령상 가설건축물의 건축에 관한 설명으로 옳은 것은?

① 도시·군계획시설 또는 도시·군계획시설예정지에서 가설건축물을 건축하려면 시장·군수·구청장에게 신고하여야 한다.

② 신고하여야 하는 가설건축물의 존치기간은 2년 이내로 한다.

③ 신고대상인 가설건축물의 존치기간을 연장하려면 존치기간 만료일 14일 전까지 신고를 해야 한다.

④ 공장에 설치한 가설건축물의 존치기간을 연장하려면 기간 만료 7일 전에 연장신고를 해야 한다.

⑤ 특별자치시장·특별자치도지사 또는 시장·군수·구청장은 가설건축물의 존치기간 만료일 30일 전까지 가설건축물의 건축주에게 존치기간 만료일 등을 알려야 한다.

69 건축법령상 건축물의 사용승인에 관한 설명으로 옳은 것은?

① 공사감리자는 건축공사가 완료되면 허가권자에게 사용승인을 신청하여야 한다.

② 허가권자는 사용승인신청을 받은 경우에는 14일 이내에 사용승인을 위한 검사를 실시하고 검사에 합격된 건축물에 대하여는 사용승인서를 교부하여야 한다.

③ 지방자치단체의 조례가 정하는 건축물은 사용승인의 위한 검사를 실시하지 아니하고 사용승인서를 교부할 수 있다.

④ 허가권자가 법령이 정한 기간 내에 사용승인서를 교부하지 않은 경우 건축주는 그 건축물을 사용하거나 사용하게 할 수 없다.

⑤ 허가권자는 직권으로 임시사용을 승인할 수 있으며 그 기간은 1년 이내로 하여야 한다.

70 건축법령상 대지에 대해 조경 등의 조치를 하여야 하는 건축물은?

① 녹지지역에 건축하는 건축물
② 면적 5천m² 미만인 대지에 건축하는 공장
③ 상업지역에 건축하는 연면적의 합계가 1천5백m² 미만인 물류시설
④ 축사
⑤ 연면적의 합계가 1천5백m² 미만인 공장

71 건축법상 공개공지에 대한 설명 중 옳은 것은?

① 바닥면적 합계 5천m² 이상인 위락시설은 공개공지 설치대상인 건축물이다.
② 공개공지를 설치하는 경우에는 당해지역에 적용되는 건폐율의 1.2배 이하의 범위 안에서 이를 완화하여 적용할 수 있다.
③ 대지 안의 조경면적과 매장유산의 원형 보존 조치면적을 공개공지 등의 면적으로할 수 있다.
④ 공개공지 등에는 연간 30일 이내의 기간 동안 건축조례로 정하는 바에 따라 주민들을 위한 문화행사를 열거나 판촉활동을 할 수 있다.
⑤ 공개공지의 면적은 대지면적의 15% 이하의 범위 안에서 건축조례로 정한다.

72 건축법령상의 도로에 관한 설명 중 옳은 것은?

① 「도로법」 등 관계법령에 의하여 신설·변경에 관한 고시가 있어야만 건축법령상의 도로에 포함될 수 있다.
② 실제로 개설되어 있지 아니한 도시·군계획상의 예정도로는 포함되지 아니한다.
③ 시장·군수·구청장이 건축허가와 관련하여 도로를 지정·공고하려면 이해관계인의 동의를 반드시 받아야 한다.
④ 건축법령상의 도로는 원칙적으로 보행 및 자동차의 통행이 가능한 구조이어야 한다.
⑤ 통과도로의 너비는 원칙적으로 6m 이상이어야 한다.

73 건축법령상 건축선에 관한 내용으로 틀린 것은?

① 도로와 접한 부분에 건축물을 건축할 수 있는 선(건축선)은 대지와 도로의 경계선으로 한다.
② 소요 너비에 못 미치는 너비의 도로인 경우에는 그 중심선으로부터 그 소요 너비의 2분의 1의 수평거리만큼 물러난 선을 건축선으로 한다.
③ 도로의 반대쪽에 경사지, 하천, 철도, 선로부지, 그 밖에 이와 유사한 것이 있는 경우에는 그 경사지 등이 있는 쪽의 도로경계선에서 소요 너비에 해당하는 수평거리의 선을 건축선으로 한다.
④ 건축물 및 담장과 지표(地表) 아래 부분은 건축선의 수직면(垂直面)을 넘어서는 아니 된다.
⑤ 도로면으로부터 높이 4.5미터 이하에 있는 출입구, 창문, 그 밖에 이와 유사한 구조물은 열고 닫을 때 건축선의 수직면을 넘지 아니하는 구조로 하여야 한다.

74 건축법령상 건축물의 면적, 층수 등의 산정방법에 관한 설명으로 틀린 것은?

① 외벽이 없는 경우에는 외곽 부분의 기둥의 중심선으로 둘러싸인 부분의 수평투영면적을 건축면적으로 한다.
② 지하주차장의 경사로는 건축면적에 산입하지 아니한다.
③ 용적률을 산정할 때에는 지하층의 면적은 연면적에 포함시키지 아니한다.
④ 건축물이 부분에 따라 그 층수가 다른 경우에는 그 중 가장 많은 층수를 그 건축물의 층수로 본다.
⑤ 주택의 발코니의 바닥은 발코니의 면적에서 발코니가 접한 가장 긴 외벽에 접한 길이에 1미터를 곱한 값을 뺀 면적을 바닥면적에 산입한다.

75 건축법령상 높이·층수 등의 산정방법에 관한 설명으로 틀린 것은?

① 건축물의 1층 전체에 필로티가 설치되어 있는 경우에는 필로티의 층고는 건축물의 높이에서 제외한다.

② 층고란 방의 바닥구조체 윗면으로부터 위층 바닥구조체의 윗면까지의 높이로 한다.

③ 건축물의 층의 구분이 명확하지 아니한 경우에는 건축물의 높이 4m마다 하나의 층으로 산정한다.

④ 지하층은 층수에 산입하지 아니한다.

⑤ 건축물이 부분에 따라 층수가 다른 경우에는 가중 평균한 층수를 그 건축물의 층수로 본다.

76 건축법령상 건축물의 높이 제한에 관한 설명으로 틀린 것은?

① 전용주거지역과 일반주거지역 안에서 건축하는 건축물에 대하여는 일조의 확보를 위한 높이 제한이 적용된다.

② 일반상업지역에 건축하는 공동주택으로서 하나의 대지에 두 동(棟) 이상을 건축하는 경우에는 채광의 확보를 위한 높이 제한이 적용된다.

③ 제3종 일반주거지역의 경우 정북방향인접대지 경계선으로부터 건축물 높이 10미터 이하인 부분은 인접 대지경계선으로부터 1.5미터 이상 띄어 건축하여야 한다.

④ 허가권자는 같은 가로구역에서 건축물의 용도 및 형태에 따라 건축물의 높이를 다르게 정할 수 있다.

⑤ 허가권자는 가로구역별 건축물의 최고 높이를 지정하려면 지방건축위원회의 심의를 거쳐야 한다.

77 건축법령상 이행강제금에 관한 설명으로 틀린 것은?

① 허가권자는 이행강제금을 부과하기 전에 이행강제금을 부과·징수한다는 뜻을 미리 문서로써 계고(戒告)하여야 한다.

② 건축물이 허가를 받지 아니하고 건축된 경우에는 $1m^2$당 시가표준액의 100분의 10에 상당하는 금액에 위반면적을 곱한 금액 이하의 이행강제금을 부과할 수 있다.

③ 허가권자는 영리목적을 위한 위반이나 상습적 위반 등 대통령령으로 정하는 경우에 100분의 100의 범위에서 이행강제금을 가중하여야 한다.

④ 이행강제금은 최초의 시정명령이 있었던 날을 기준으로 하여 1년에 2회 이내의 범위에서 부과할 수 있다.

⑤ 허가권자는 시정명령을 받은 자가 이를 이행하면 새로운 이행강제금의 부과를 즉시 중지하되, 이미 부과된 이행강제금은 징수하여야 한다.

78 주택법령상 용어에 관한 설명으로 틀린 것은?

① 주택이란 세대의 구성원이 장기간 독립된 주거생활을 할 수 있는 구조로 된 건축물의 전부 또는 일부 및 그 부속토지를 말한다.

② 준주택이란 주택 외의 건축물과 그 부속토지로서 주거시설로 이용가능한 시설 등을 말한다.

③ 도시형 생활주택이란 300세대 미만의 국민주택규모에 해당하는 주택으로서 대통령령으로 정하는 주택을 말한다.

④ 리모델링이라 함은 건축물의 노후화 억제 또는 기능향상 등을 위하여 대수선 또는 대통령령이 정하는 범위에서 증축을 하는 행위를 말한다.

⑤ 민영주택이란 민간사업주체가 건설하는 주택을 말한다.

79 주택법령상 사업계획의 승인을 받아 건설하는 공동주택에 설치하는 세대구분형 공동주택에 대한 설명으로 옳은 것은?

① 세대구분형 공동주택은 공동주택의 주택 내부 공간의 일부를 세대별로 구분하여 생활이 가능한 구조로서 그 구분된 공간의 일부를 구분소유 할 수 있는 주택이다.

② 세대구분형 공동주택의 세대별로 구분된 각각의 공간마다 별도의 욕실, 부엌과 현관을 설치하여야 한다.

③ 세대 간에 연결문을 설치하거나 경량구조의 경계벽을 설치하여서는 아니된다.

④ 세대구분형 공동주택이 주택단지 공동주택 전체 호수의 10분의 1을 넘지 않아야 한다.

⑤ 세대구분형 공동주택의 세대별로 구분된 각각의 공간의 주거전용면적 합계가 주택단지 전체 주거전용면적 합계의 5분의 1을 넘지 않아야 한다.

80 주택법령상 도시형 생활주택에 관한 설명으로 틀린 것은?

① '도시형 생활주택'이란 300세대 미만의 국민주택규모에 해당하는 주택으로서 대통령령으로 정하는 주택을 말한다.

② 준공업지역에서는 하나의 건축물에 소형 주택과 도시형 생활주택 외의 주택을 함께 건축할 수 있다.

③ 소형 주택의 세대별 주거전용면적은 60제곱미터 이하이어야 한다.

④ 하나의 건축물에 소형 주택과 주거전용면적이 85제곱미터를 초과하는 주택 1세대를 함께 건축할 수 있다.

⑤ 단지형 연립주택은 건축위원회의 심의를 받은 경우에는 주택으로 쓰는 층수를 5개층까지 건축할 수 있다.

81 주택법령상 주택조합에 관한 설명으로 옳은 것은?

① 리모델링주택조합은 등록사업자와 공동으로 주택건설사업을 시행할 수 있다.

② 등록사업자와 공동으로 주택건설사업을 하려는 주택조합은 국토교통부장관에게 등록하여야 한다.

③ 지역주택조합의 설립인가를 받으려는 자는 해당 주택건설대지의 80퍼센트 이상에 해당하는 토지의 사용권원 및 15퍼센트 이상에 해당하는 토지의 소유권을 확보하여야 한다.

④ 리모델링주택조합의 설립인가를 신청하려면 해당 주택건설대지의 80퍼센트 이상에 해당하는 토지의 사용권원을 확보하여야 한다.

⑤ 리모델링주택조합은 주택건설예정세대수의 50% 이상의 조합원으로 구성하되, 조합원은 20명이상이어야 한다.

82 주택법령상 주택조합에 관한 설명으로 옳은 것은?

① 국민주택을 공급받기 위하여 설립한 직장주택조합을 해산하려면 관할 시장·군수·구청장의 인가를 받아야 한다.

② 지역주택조합은 임대주택으로 건설·공급하여야 하는 세대수를 포함하여 주택건설예정세대수의 3분의 1 이상의 조합원으로 구성하여야 한다.

③ 리모델링주택조합의 경우 공동주택의 소유권이 수인의 공유에 속하는 경우에는 그 수인 모두를 조합원으로 본다.

④ 지역주택조합의 설립 인가 후 조합원이 사망하였더라도 조합원수가 주택건설예정세대수의 2분의 1 이상을 유지하고 있다면 조합원을 충원할 수 없다.

⑤ 조합원의 사망·자격상실·탈퇴 등으로 인한 결원을 충원하는 경우에는 신고하지 아니하고 선착순의 방법으로 조합원을 모집할 수 있다.

83 주택법령상 지역주택조합이 설립인가를 받은 후 조합원을 신규로 가입하게 할 수 있는 경우와 결원의 범위에서 충원할 수 있는 경우 중 어느 하나에도 해당하지 않는 것은?

① 조합원이 사망한 경우
② 조합원이 무자격자로 판명되어 자격을 상실하는 경우
③ 조합원을 수가 주택건설 예정 세대수를 초과하지 아니하는 범위에서 조합원 추가모집의 승인을 받은 경우
④ 조합원의 탈퇴 등으로 조합원 수가 주택건설 예정 세대 수의 60퍼센트가 된 경우
⑤ 사업계획승인의 과정에서 주택건설 예정 세대수가 변경되어 조합원 수가 변경된 세대수의 40퍼센트가 된 경우

84 주택법령상 대지면적이 8만m²인 주택건설사업의 사업계획승인권자가 될 수 없는 자는?

① 특별시장　　② 광역시장　　③ 시장
④ 군수　　　　⑤ 구청장

85 주택법령상 주택건설사업계획의 승인 등에 관한 설명으로 옳은 것은? (단, 다른 법률에 따른 사업은 제외함)

① 주거전용 단독주택인 건축법령상의 한옥 30호 이상의 건설사업을 시행하려는 자는 사업계획승인을 받아야 한다.
② 주택건설사업을 시행하려는 자는 전체 세대수가 500세대 이상의 주택단지를 공구별로 분할하여 주택을 건설·공급할 수 있다.
③ 한국토지주택공사가 대지면적이 15만m²인 주택건설사업을 시행하려면 시·도지사 또는 대도시 시장에게 사업계획승인을 받아야 한다.
④ 사업계획승인권자는 사업계획승인의 신청을 받았을 때에는 정당한 사유가 없으면 신청받은 날부터 60일 이내에 사업주체에게 승인 여부를 통보하여야 한다.
⑤ 사업계획승인의 조건으로 부과된 사항을 이행함에 따라 공사 착수가 지연되는 경우, 사업계획승인권자는 그 사유가 없어진 날부터 3년의 범위에서 공사의 착수기간을 연장할 수 있다.

86 주택법령상 주택건설사업의 절차 등에 관한 설명으로 틀린 것은?

① 주택건설사업을 시행하려는 자는 해당 주택단지를 공구별로 분할하여 주택을 건설·공급할 수 있다.
② 전체 세대수가 600세대 이상인 주택단지는 공구별로 분할하여 주택을 건설·공급할 수 있다.
③ 사업계획승인권자는 사업주체가 경매·공매 등으로 인하여 대지소유권을 상실한 경우그 사업계획의 승인을 취소하여야 한다.
④ 사업계획승인을 받은 사업주체는 승인받은 사업계획대로 사업을 시행하여야 하고, 그 승인받은 날부터 5년 이내에 공사를 시작하여야 한다.
⑤ 사업계획승인을 받은 사업주체가 공사를 시작하려는 경우에는 국토교통부령으로 정하는 바에 따라 사업계획승인권자에게 신고하여야 한다.

87 주택법령상 사업주체의 주택건설용 토지의 취득에 관한 내용으로 틀린 것은?

① 지방공사가 주택건설사업계획의 승인을 받으려면 해당 주택건설대지의 소유권을 확보하여야 한다.

② 지구단위계획의 결정이 필요한 주택건설사업의 해당 대지면적의 100분의 80 이상을 사용할 수 있는 권원(權原)을 확보하고, 확보하지 못한 대지가 매도청구 대상이 되는 대지에 해당하는 경우 소유권확보 없이 사업계획승인 신청이 가능하다.

③ 사업주체가 주택건설대지의 소유권을 확보하지 못하였으나 그 대지를 사용할 수 있는 권원을 확보한 경우 소유권확보 없이 사업계획승인 신청이 가능하다.

④ 지방자치단체인 사업주체가 국민주택을 건설하기 위한 대지를 조성하는 경우에는 토지 등을 수용 또는 사용할 수 있다.

⑤ 도시개발사업시행자는 체비지의 총면적의 2분의 1의 범위에서 이를 우선적으로 국민주택건설의 사업주체에게 매각할 수 있다.

88 주택법령상 주택건설사업계획의 승인을 받은 사업주체에게 인정되는 매도청구권에 관한 설명으로 틀린 것은?

① 매도청구권은 국민주택규모를 초과하는 주택의 주택건설사업에 대해서도 인정된다.

② 주택건설대지 중 사용권원을 확보하지 못한 대지는 물론 건축물에 대해서도 매도청구권이 인정된다.

③ 주택건설대지면적 중 100분의 95 이상에 대해 사용권원을 확보한 경우에는 사용권원을 확보하지 못한 대지의 모든 소유자에게 매도청구할 수 있다.

④ 사업주체는 매도청구대상 대지의 소유자에게 그 대지를 공시지가로 매도할 것을 청구할 수 있다.

⑤ 매도청구를 하기 위해서는 매도청구 대상 대지의 소유자와 3개월 이상 협의를 하여야 한다.

89 주택법령상 사용검사에 관한 설명으로 옳은 것은?

① 시·도지사가 사용검사를 하는 것이 원칙이다.

② 한국토지주택공사는 사용검사를 받지 아니하고 주택 또는 대지를 사용할 수 있다.

③ 사용검사는 그 신청일부터 30일 이내에 하여야 한다.

④ 사업주체가 파산 등으로 주택건설사업을 계속할 수 없는 경우에는 당해 주택의 시공보증자가 잔여공사를 시공하고 사용검사를 받아야 한다.

⑤ 주택건설사업의 경우 공동주택에 대한 세대별 임시사용승인은 허용되지 않는다.

90 주택법령상 주택의 공급에 관한 설명으로 옳은 것은?

① 한국토지주택공사가 사업주체로서 입주자를 모집하려는 경우에는 시장·군수·구청장의 승인을 받아야 한다.

② 사업주체가 복리시설의 입주자를 모집하려는 경우 시장·군수·구청장의 승인을 받아야 한다.

③ 도시형생활주택에 대해서는 분양가상한제를 적용하지 아니한다.

④ 공공택지에서 공급하는 분양가상한제 적용주택의 경우 분양가격을 공시할 필요가 없다.

⑤ 「관광진흥법」에 따라 지정된 관광특구에서 건설·공급하는 30층 이상의 공동주택은 분양가상한제를 적용하지 아니한다.

91 주택법령상 분양가상한제 적용 지역에 대한 설명으로 틀린 것은?

① 국토교통부장관이 분양가상한제 적용 지역을 지정하는 경우에는 미리 시 · 도지사의 의견을 들어야 한다.

② 시장 · 군수 · 구청장은 사업주체로 하여금 입주자 모집공고 시 해당 지역에서 공급하는 주택이 분양가상한제 적용주택이라는 사실을 공고하게 하여야 한다.

③ 직전월부터 소급하여 12개월간의 아파트 분양가격상승률이 물가상승률의 2배를 초과한 지역에 분양가상한제 적용 지역을 지정할 수 있다.

④ 직전월부터 소급하여 3개월간의 주택매매거래량이 전년동기대비 20퍼센트 이상 증가한 지역에 분양가상한제 적용 지역을 지정할 수 있다.

⑤ 직전월부터 소급하여 주택공급이 있었던 연속 2개월간 해당 지역에서 공급되는 국민주택규모 주택의 월평균 청약경쟁률이 모두 5대 1을 초과한 지역에 분양가상한제 적용 지역을 지정할 수 있다.

92 주택법령상 주택의 전매행위제한을 받는 주택임에도 불구하고 사업주체의 동의를 받아서 전매할 수 있는 경우가 아닌 것은?

① 상속에 따라 취득한 주택으로 세대원 전원이 이전하는 경우

② 세대원 전원이 해외로 이주하거나 1년 이상의 기간 동안 해외에 체류하려는 경우

③ 이혼으로 인하여 주택을 그 배우자에게 이전하는 경우

④ 입주자로 선정된 지위 또는 주택의 일부를 배우자에게 증여하는 경우

⑤ 세대원이 근무 또는 생업상의 사정이나 질병치료 · 취학 · 결혼으로 인하여 세대원 전원이 다른 광역시, 특별자치시, 특별자치도, 시 또는 군(광역시의 관할구역에 있는 군은 제외한다)으로 이전하는 경우

93 주택법령상 주택조합인 사업주체는 사업의 대상이 된 주택 및 대지에 대하여는 '일정 기간' 동안 입주예정자의 동의 없이 저당권설정 등을 할 수 없는 바, 이에 관한 설명으로 틀린 것은?

① '일정 기간'이란, 사업계획승인 신청일 이후부터 입주예정자가 소유권이전등기를 신청할 수 있는 날 이후 60일까지의 기간을 말한다.

② 위 ①에서 '소유권이전등기를 신청할 수 있는 날'이란 사업주체가 입주예정자에게 통보한 입주가능일을 말한다.

③ 사업주체가 저당권설정제한의 부기등기를 하는 경우, 주택건설대지에 대하여는 소유권보존등기와 동시에 하여야 한다.

④ 사업주체가 지방자치단체인 경우에는 부기등기를 하여야 할 의무가 없다.

⑤ 부기등기일 후에 해당 대지 또는 주택을 양수하거나 제한물권을 설정받은 경우 또는 압류 · 가압류 · 가처분 등의 목적물로 한 경우에는 그 효력을 무효로 한다.

94 주택법령에 의하여 건설 · 공급되는 주택을 공급받기 위한 증서 또는 지위는 양도 · 양수하거나 이를 알선할 수 없다. 이에 해당하지 않는 것은?

① 주택상환사채

② 리모델링주택조합의 조합원으로서 조합주택을 공급받을 수 있는 지위

③ 지역주택조합의 조합원으로서 조합주택을 공급받을 수 있는 지위

④ 입주자저축증서

⑤ 시장 · 군수 · 구청장이 발행한 무허가건물확인서 또는 건물철거확인서

95 주택법령상 주택상환사채에 관한 설명으로 옳은 것은?

① 한국토지주택공사는 금융기관 또는 주택도시보증공사의 보증을 받은 때에 한하여 이를 발행할 수 있다.

② 주택상환사채를 발행하려는 자는 기획재정부장관의 승인을 얻어야 한다.

③ 주택상환사채는 무기명증권으로 발행한다.

④ 등록사업자의 등록이 말소된 경우 그가 발행한 주택상환사채는 효력을 상실한다.

⑤ 주택상환사채의 상환기간은 3년을 초과할 수 없다.

96 농지법령상 '농업인'이라 함은 농업에 종사하는 개인으로서 다음에 해당하는 자를 말한다. 틀린 것은?

① 1천m^2 이상의 농지에서 농작물 또는 다년생식물을 경작 또는 재배하거나 1년 중 90일 이상 농업에 종사하는 자

② 농업경영을 통한 농산물의 연간 판매액이 100만원 이상인 자

③ 대가축 2두, 중가축 10두, 소가축 100두, 가금 1천수 또는 꿀벌 10군 이상을 사육하는 자

④ 농지에 330m^2 이상의 고정식온실·버섯재배사·비닐하우스, 그 밖의 농림축산식품부령으로 정하는 농업생산에 필요한 시설을 설치하여 농작물 또는 다년생식물을 경작 또는 재배하는 자

⑤ 1년 중 120일 이상 축산업에 종사하는 자

97 농지법령상 농지취득자격증명에 관한 설명으로 틀린 것은?

① 지방자치단체가 농지를 소유하는 경우는 농지취득자격증명을 발급받지 않아도 된다.

② 농지전용신고를 한 자가 당해 농지를 소유하는 경우에는 농지취득자격증명을 발급받지 않아도 된다.

③ 농업법인의 합병으로 농지를 취득하는 경우 농지취득자격증명을 발급받지 않아도 된다.

④ 상속으로 농지를 취득하여 소유하는 경우 농지취득 자격증명을 발급받지 않아도 된다.

⑤ 시장·구청장·읍장·면장은 농지취득자격증명의 발급신청이 있는 경우에는 그 신청을 받은 날부터 7일 이내에 발급하여야 하는 것이 원칙이다.

98 농지법령상 농업경영에 이용하지 아니하는 농지의 처분의무에 관한 설명으로 옳은 것은?

① 농지 소유자가 선거에 따른 공직취임으로 휴경하는 경우에는 소유농지를 자기의 농업경영에 이용하지 아니하더라도 농지처분의무가 면제된다.

② 농지 소유 상한을 초과하여 농지를 소유한 것이 판명된 경우에는 소유농지 전부를 처분하여야 한다.

③ 농지처분의무 기간은 처분사유가 발생한 날부터 6개월이다.

④ 농지전용신고를 하고 그 농지를 취득한 자가 질병으로 인하여 취득한 날부터 2년이 초과하도록 그 목적사업에 착수하지 아니한 경우에는 농지처분의무가 면제된다.

⑤ 농지 소유자가 시장·군수 또는 구청장으로부터 농지처분명령을 받은 경우 한국토지주택공사에 그 농지의 매수를 청구할 수 있다.

99 농지의 대리경작 및 임대차에 관한 설명으로 틀린 것은?

① 유휴농지의 대리경작기간은 따로 정하지 아니하면 3년으로 한다.

② 농업경영을 하려는 자에게 농지를 임대하는 경우 서면계약을 원칙으로 한다.

③ 임대농지의 양수인은 「농지법」에 따른 임대인의 지위를 승계한 것으로 본다.

④ 지력의 증진을 위하여 필요한 기간동안 휴경하는 농지에 대하여는 대리경작자를 지정할 수 없다.

⑤ 농지의 임차인이 농작물의 재배시설로서 고정식온실을 설치한 농지의 임대차 기간은 3년 이상으로 하여야 한다.

100 농지법령상 농지의 위탁경영이 허용되는 사유로서 틀린 것은?

① 「병역법」에 따라 징집 또는 소집된 경우

② 3개월 이상 국외 여행 중인 경우

③ 농업법인이 청산 중인 경우

④ 부상으로 2월 이상의 치료가 필요한 경우

⑤ 교도소·구치소 또는 보호감호시설에 수용 중인 경우

MEMO

ME
MO

01 국토의 계획 및 이용에 관한 법률의 내용으로 옳은 것은?

① 도시·군계획은 특별시·광역시·특별자치시·특별자치도·시 또는 광역시 관할 구역 안의 군에 대하여 수립하는 공간구조와 발전방향에 대한 계획이다.

② 지구단위계획은 도시·군계획 수립대상지역 전부에 대하여 수립한다.

③ 기반시설부담구역은 개발밀도관리구역 외의 지역으로서 개발로 인하여 도로, 공원 등의 기반시설의 설치가 필요한 지역을 대상으로 기반시설을 설치하거나 그에 필요한 용지를 확보하게 하기 위하여 지정한다.

④ 국가계획은 중앙행정기관의 장에 의해 수립되는 토지계획으로 도시·군관리계획으로 결정하여야 할 사항이 포함되지 아니한 계획이다.

⑤ 도시·군계획시설사업이란 기반시설을 설치·정비 또는 개량하는 사업을 말한다.

02 국토의 계획 및 이용에 관한 법령상 도시·군관리계획으로 결정하여야 할 사항이 아닌 것은?

① 개발제한구역 안에서의 집단취락지구의 지정

② 고도지구 안에서의 건축물의 최고 높이

③ 용도지역 안에서의 건축제한

④ 지구단위계획구역의 지정

⑤ 생산녹지지역을 자연녹지지역으로 변경 지정

03 국토의 계획 및 이용에 관한 법령상 광역도시계획에 관한 설명으로 옳은 것은?

① 광역계획권이 둘 이상의 시·도의 관할 구역에 걸쳐 있는 경우에는 관할 시·도지사가 공동으로 광역도시계획을 수립한다.

② 광역계획권을 지정한 날부터 2년이 지날 때까지 관할 시·도지사로부터 광역도시계획의 승인 신청이 없는 경우에는 국토교통부장관이 광역도시계획을 수립한다.

③ 중앙행정기관의 장, 시·도지사, 시장 또는 군수는 국토교통부장관이나 도지사에게 광역계획권의 지정 또는 변경을 요청할 수 없다.

④ 도지사가 시장 또는 군수의 요청에 의하여 관할 시장 또는 군수와 공동으로 광역도시계획을 수립하는 경우에는 국토교통부장관의 승인을 받아야 한다.

⑤ 국토교통부장관, 시·도지사, 시장 또는 군수가 기초조사정보체계를 구축한 경우에는 등록된 정보의 현황을 3년마다 확인하고 변동사항을 반영하여야 한다.

04 국토의 계획 및 이용에 관한 법령상 광역계획권에 관한 설명으로 옳은 것은?

① 광역계획권이 둘 이상의 도의 관할 구역에 걸쳐 있는 경우, 해당 도지사들은 공동으로 광역계획권을 지정하여야 한다.

② 광역계획권이 하나의 도의 관할 구역에 속하여 있는 경우, 도지사는 국토교통부장관과 공동으로 광역계획권을 지정 또는 변경하여야 한다.

③ 도지사가 광역계획권을 지정하려면 관계 중앙행정기관의 장의 의견을 들은 후 중앙도시계획위원회의 심의를 거쳐야 한다.

④ 국토교통부장관이 광역계획권을 변경하려면 관계 시·도지사, 시장 또는 군수의 의견을 들은 후 지방도시계획위원회의 심의를 거쳐야 한다.

⑤ 중앙행정기관의 장, 시·도지사, 시장 또는 군수는 국토교통부장관이나 도지사에게 광역계획권의 지정 또는 변경을 요청할 수 있다.

05 국토의 계획 및 이용에 관한 법령상 도시·군기본계획에 관한 설명으로 옳은 것은?

① 시장·군수는 관할구역에 대해서만 도시·군기본계획을 수립할 수 있으며, 인접한 시 또는 군의 관할 구역을 포함하여 계획을 수립할 수 없다.
② 도시·군기본계획의 내용이 광역도시계획의 내용과 다를 때에는 국토교통부장관이 결정하는 바에 따른다.
③ 수도권정비계획법에 의한 수도권에 속하지 아니하고 광역시와 경계를 같이하지 아니한 인구 7만 명의 군은 도시·군기본계획을 수립하지 아니할 수 있다.
④ 도시·군기본계획을 변경하는 경우에는 공청회를 개최하지 아니할 수 있다.
⑤ 광역시장이 도시·군기본계획을 수립하려면 국토교통부장관의 승인을 받아야 한다.

06 국토의 계획 및 이용에 관한 법령상 도시·군기본계획에 관한 설명으로 옳은 것은?

① 특별시장·광역시장·특별자치시장·도지사·특별자치도지사는 관할 구역에 대하여 도시·군기본계획을 수립하여야 한다.
② 시장 또는 군수가 도시·군기본계획을 변경하려면 지방의회의 승인을 받아야 한다.
③ 도시·군기본계획을 변경하기 위하여 공청회를 개최한 경우, 공청회에서 제시된 의견이 타당하다고 인정하더라도 도시·군기본계획에 반영하지 않을 수 있다.
④ 도시·군기본계획 입안일부터 5년 이내에 토지적성평가를 실시한 경우에는 도시·군기본계획의 수립을 위한 기초조사의 내용에 포함되어야 하는 토지적성평가를 하지 아니할 수 있다.
⑤ 도지사는 시장 또는 군수가 수립한 도시·군기본계획에 대하여 관계 행정기관의 장과 협의하였다면, 지방도시계획위원회의 심의를 거치지 아니하고 승인할 수 있다.

07 국토의 계획 및 이용에 관한 법령상 도시·군관리계획에 관한 설명으로 옳은 것은?

① 도시·군관리계획 결정의 효력은 지형도면을 고시한 날의 다음 날부터 발생한다.
② 시·도지사는 국토교통부장관이 입안하여 결정한 도시·군관리계획을 변경하려면 미리 환경부장관과 협의하여야 한다.
③ 개발제한구역의 지정 및 변경에 관한 도시·군관리계획은 국토교통부장관이 결정한다.
④ 도시·군관리계획도서 및 계획설명서의 작성기준·작성방법 등은 조례로 정한다.
⑤ 도지사가 도시·군관리계획을 직접 입안하는 경우 지형도면을 작성할 수 없다.

08 국토의 계획 및 이용에 관한 법령상 도시·군관리계획의 입안에 관한 설명으로 틀린 것은?

① 주민은 개발제한구역의 변경에 대하여 입안권자에게 도시·군관리계획의 입안을 제안할 수 있다.
② 주민이 산업·유통개발진흥지구의 지정을 제안하는 경우 그 지정 대상 지역의 면적은 1만제곱미터 이상 3만제곱미터 미만이어야 한다.
③ 도시·군관리계획 입안을 제안받은 입안권자는 부득이한 사정이 있는 경우를 제외하고는 제안일부터 45일 이내에 그 제안의 반영여부를 제안자에게 통보하여야 한다.
④ 도시·군관리계획 입안을 제안받은 입안권자는 제안자와 협의하여 제안된 도시·군관리계획의 입안 등에 필요한 비용의 전부 또는 일부를 제안자에게 부담시킬 수 있다.
⑤ 기반시설의 설치에 관한 도시·군관리계획의 입안을 제안하려면 그 제안의 대상이 되는 토지 면적의 5분의 4 이상의 토지소유자의 동의를 받아야 한다.

09 국토의 계획 및 이용에 관한 법령상 도시·군관리계획에 관련된 내용 중 옳은 것은?

① 시장·군수는 인접한 시·군의 전부를 포함하여 도시·군관리계획을 입안할 수는 없다.

② 도시·군관리계획 입안일부터 10년 이내에 재해취약성분석을 실시한 경우에는 재해취약성분석을 실시하지 아니할 수 있다.

③ 시장·군수가 지구단위계획구역의 지정에 관한 도시·군관리계획을 입안한 경우 도지사에게 그 도시·군관리계획의 결정을 신청하여야 한다.

④ 도시·군관리계획결정 당시 이미 사업에 착수한 자는 도시·군관리계획 결정의 고시일부터 30일 이내에 그 사업의 내용을 신고하고 계속할 수 있다.

⑤ 시·도지사는 개발제한구역이 해제되는 지역에 대하여 해제 이후 최초로 결정되는 도시·군관리계획을 결정하려면 미리 국토교통부장관과 협의하여야 한다.

10 국토의 계획 및 이용에 관한 법령상 지형도면의 작성에 관한 설명으로 틀린 것은?

① 지형도면은 특별시장·광역시장·특별자치시장·특별자치도지사·시장·군수가 작성하여야 하는 것이 원칙이다.

② 도시·군관리계획결정은 지형도면을 고시한 날부터 그 효력이 발생한다.

③ 시장·군수가 지구단위계획에 관한 지형도면을 작성한 경우 도지사의 승인을 받아야 한다.

④ 대도시 시장이 지형도면을 작성한 경우 도지사의 승인을 받을 필요가 없다.

⑤ 지형도면의 승인신청을 받은 도지사는 그 지형도면과 결정 고시된 도시·군·관리계획을 대조하여 착오가 없다고 인정되는 때에는 30일 내에 그 지형도면을 승인하여야 한다.

11 국토의 계획 및 이용에 관한 법령상 공간재구조화계획에 관한 설명으로 옳은 것은?

① 공간재구조화계획은 시·도지사 또는 대도시 시장이 결정한다.

② 주민은 도시혁신구역의 지정을 위하여 공간재구조화계획의 입안권자에게 공간재구조화계획의 입안을 제안할 수 있다.

③ 시·도지사가 공간재구조화계획을 결정하려면 용도구역의 지정 및 입지 타당성에 관한 사항에 대하여 지방도시계획위원회의 심의를 거쳐야 한다.

④ 공간재구조화계획 결정의 효력은 지형도면을 고시한 날의 다음 날부터 발생한다.

⑤ 고시된 공간재구조화계획의 내용은 광역도시계획으로 관리하여야 한다.

12 국토의 계획 및 이용에 관한 법령상 시·도지사 또는 대도시 시장이 해당 시·도 또는 대도시의 도시·군계획조례로 정하는 바에 따라 도시·군관리계획결정으로 추가적으로 세분하여 지정할 수 있는 용도지역이 아닌 것은?

① 주거지역   ② 상업지역   ③ 공업지역
④ 녹지지역   ⑤ 관리지역

13 국토의 계획 및 이용에 관한 법령상 용도지역 지정의 특례에 관한 내용으로 옳은 것은?

① 공유수면의 매립목적이 그 매립구역과 이웃하고 있는 용도지역의 내용과 같으면 도시·군관리계획의 결정에 따라 지정하여야 한다.

② 「택지개발촉진법」에 따른 택지개발지구로 지정·고시된 지역은 도시지역에 연접한 경우에 한하여 도시지역으로 결정·고시된 것으로 본다.

③ 「산업입지 및 개발에 관한 법률」에 따른 도시첨단산업단지로 지정·고시된 지역은 도시지역으로 결정·고시된 것으로 본다.

④ 자연환경보전지역에서 「농지법」에 따른 농업진흥지역으로 지정·고시된 지역은 농림지역으로 결정·고시된 것으로 본다.

⑤ 관리지역의 산림 중 「산지관리법」에 따라 보전산지로 지정·고시된 지역은 자연환경보전지역으로 결정·고시된 것으로 본다.

14 국토의 계획 및 이용에 관한 법령상 도시지역 중 건폐율의 최대한도가 낮은 지역부터 높은 지역 순으로 옳게 나열한 것은? (단, 조례 등 기타 강화·완화조건은 고려하지 않음)

① 생산녹지지역 − 제3종 일반주거지역 − 유통상업지역

② 보전녹지지역 − 근린상업지역 − 준공업지역

③ 자연녹지지역 − 일반상업지역 − 준주거지역

④ 일반상업지역 − 준공업지역 − 제2종 일반주거지역

⑤ 전용공업지역 − 중심상업지역 − 제1종 전용주거지역

15 국토의 계획 및 이용에 관한 법령상 건폐율의 특례에 관한 연결이 틀린 것은?

① 취락지구 − 60% 이하

② 도시지역 이외의 지역에 지정된 개발진흥지구 − 40% 이하

③ 수산자원보호구역 − 40% 이하

④ 자연공원법에 의한 자연공원 − 60% 이하

⑤ 농공단지 − 60% 이하

16 국토의 계획 및 이용에 관한 법령상 용도지구에 관한 설명으로 틀린 것은?

① 특화경관지구는 지역 내 주요 수계의 수변 또는 문화적 보존가치가 큰 건축물 주변의 경관 등 특별한 경관을 보호 또는 유지하거나 형성하기 위하여 필요한 지구이다.

② 보호지구는 역사문화환경보호지구, 중요시설물보호지구 및 생태계보호지구로 세분하여 지정할 수 있다.

③ 집단취락지구는 개발제한구역 안의 취락을 정비하기 위하여 필요한 지구이다.

④ 특정용도제한지구는 주거 및 교육 환경 보호나 청소년 보호 등의 목적으로 오염물질 배출시설, 청소년 유해시설 등 특정시설의 입지를 제한할 필요가 있는 지구이다.

⑤ 시·도지사 또는 대도시 시장은 일반상업지역에 복합용도지구를 지정할 수 있다.

17 국토의 계획 및 이용에 관한 법령상 용도지구별 건축제한에 관한 설명으로 옳은 것을 모두 고른 것은? (단, 건축물은 도시·군계획시설이 아님)

> ㉠ 경관지구 안에서는 그 지구의 경관의 보호·형성에 장애가 된다고 인정하여 도시·군계획조례가 정하는 건축물을 건축할 수 없다.
> ㉡ 집단취락지구 안에서는 그 지구의 지정 및 관리에 장애가 된다고 인정하여 도시·군계획조례가 정하는 건축물을 건축할 수 없다.
> ㉢ 고도지구 안에서는 도시·군계획조례로 정하는 높이를 초과하는 건축물을 건축할 수 없다.
> ㉣ 방재지구 안에서는 풍수해·산사태·지반붕괴·지진 그 밖에 재해예방에 장애가 된다고 인정하여 도시·군계획조례가 정하는 건축물을 건축할 수 없다.

① ㉠, ㉡   ② ㉠, ㉢   ③ ㉠, ㉣
④ ㉡, ㉢   ⑤ ㉢, ㉣

18 국토의 계획 및 이용에 관한 법령상 도시혁신구역에서 도시혁신계획으로 따로 정할 수 있는 규정이 아닌 것은?
① 「학교용지 확보 등에 관한 특례법」에 따른 학교용지의 조성·개발 기준
② 「문화예술진흥법」에 따른 건축물에 대한 미술작품의 설치
③ 「주차장법」에 따른 부설주차장의 설치
④ 「건축법」에 따른 건축선의 지정
⑤ 「도시공원 및 녹지 등에 관한 법률」에 따른 도시공원 또는 녹지 확보기준

19 국토의 계획 및 이용에 관한 법령상 복합용도구역으로 지정할 수 있는 지역을 모두 고른 것은?

> ㉠ 도시·군기본계획에 따른 도심·부도심 또는 생활권의 중심지역
> ㉡ 산업구조 또는 경제활동의 변화로 복합적 토지이용이 필요한 지역
> ㉢ 노후 건축물 등이 밀집하여 단계적 정비가 필요한 지역

① ㉠   ② ㉠, ㉡   ③ ㉠, ㉢
④ ㉡, ㉢   ⑤ ㉠, ㉡, ㉢

20 국토의 계획 및 이용에 관한 법령상 도시·군계획시설입체복합구역의 지정에 관한 규정의 일부이다. (   )에 들어갈 내용으로 옳은 것은?

> 제40조의5(도시·군계획시설입체복합구역의 지정) ① 도시·군관리계획의 결정권자는 도시·군계획시설의 입체복합적 활용을 위하여 다음 각 호의 어느 하나에 해당하는 경우에 도시·군계획시설이 결정된 토지의 전부 또는 일부를 도시·군계획시설입체복합구역으로 지정할 수 있다.
> 1. 도시·군계획시설 준공 후 (   )이 경과한 경우로서 해당 시설의 개량 또는 정비가 필요한 경우
> <이하 생략>

① 2년   ② 3년   ③ 5년
④ 10년   ⑤ 20년

21 국토의 계획 및 이용에 관한 법령상 도시·군계획시설사업에 관한 설명으로 옳은 것은?

① 대도시 시장이 작성한 도시·군계획시설사업에 관한 실시계획은 국토교통부장관의 인가를 받아야 한다.

② 도시·군계획시설사업이 둘 이상의 시 또는 군의 관할 구역에 걸쳐 시행되게 되는 경우에는 국토교통부장관이 시행자를 정한다.

③ 도시·군계획시설사업의 대상시설을 둘 이상으로 분할하여 도시·군계획시설사업을 시행할 수 없다.

④ 「한국토지주택공사법」에 따른 한국토지주택공사가 도시·군계획시설사업의 시행자로 지정받기 위해서 사업 대상 토지 면적의 3분의 2 이상의 토지소유자의 동의를 얻어야 한다.

⑤ 「한국전력공사법」에 따른 한국전력공사는 도시·군계획시설사업의 시행자가 될 수 있다.

22 甲 소유의 토지는 A광역시 B구에 소재한 지목이 대(垈)인 토지로서 한국토지주택공사를 사업시행자로 하는 도시·군계획시설 부지이다. 甲의 토지에 대해 국토의 계획 및 이용에 관한 법령상 도시·군계획시설 부지의 매수청구권이 인정되는 경우, 이에 관한 설명으로 옳은 것은? (단, 도시·군계획시설의 설치의무자는 사업시행자이며, 조례는 고려하지 않음)

① 甲의 토지의 매수의무자는 B구청장이다.

② 甲이 매수청구를 할 수 있는 대상은 토지이며, 그 토지에 있는 건축물은 포함되지 않는다.

③ 甲이 원하는 경우 매수의무자는 도시·군계획시설채권을 발행하여 그 대금을 지급할 수 있다.

④ 매수의무자는 매수청구를 받은 날부터 6개월 이내에 매수여부를 결정하여 甲과 A광역시장에게 알려야 한다.

⑤ 매수청구에 대해 매수의무자가 매수하지 아니하기로 결정한 경우 甲은 자신의 토지에 2층의 다세대주택을 건축할 수 있다.

23 국토의 계획 및 이용에 관한 법령상 지구단위계획에 관한 설명으로 옳은 것은?

① 개발제한구역·도시자연공원구역·시가화조정구역 또는 공원에서 해제되는 구역 중 계획적인 개발 또는 관리가 필요한 지역은 지구단위계획구역으로 지정하여야 한다.

② 용도지구로 지정된 지역에 대하여는 지구단위계획구역을 지정할 수 없다.

③ 「도시 및 주거환경정비법」에 따라 지정된 정비구역의 일부에 대하여 지구단위계획구역을 지정할 수 있다.

④ 도시지역 외 지구단위계획구역에서는 당해 용도지역에 적용되는 건축물 높이의 150% 이내에서 높이제한을 완화하여 적용할 수 있다.

⑤ 농림지역에 지정된 주거개발진흥지구는 지구단위계획구역으로 지정할 수 있다.

24 국토의 계획 및 이용에 관한 법령상 지구단위계획에 관한 설명으로 틀린 것은?

① 지구단위계획구역의 지정에 관한 고시일부터 5년 이내에 지구단위계획이 결정·고시되지 아니하면 그 5년이 되는 날에 지구단위계획구역의 지정에 관한 도시·군관리계획결정은 효력을 잃는다.

② 지구단위계획에는 건축물의 건축선에 관한 계획이 포함될 수 있다.

③ 지구단위계획구역 및 지구단위계획은 도시·군관리계획으로 결정한다.

④ 국토교통부장관, 시·도지사, 시장 또는 군수는 지구단위계획구역 지정이 효력을 잃으면 지체 없이 그 사실을 고시하여야 한다.

⑤ 국토교통부장관은 용도지구의 전부 또는 일부에 대하여 지구단위계획구역을 지정할 수 있다.

25 국토의 계획 및 이용에 관한 법령상 개발행위허가를 받아야 하는 행위는?

① 개발행위허가를 받은 사항을 변경하는 경우로서 사업기간을 단축하는 경우
② 「도시개발법」에 따른 도시개발사업에 의한 건축물의 건축
③ 사도개설허가를 받은 토지의 분할
④ 농림지역안에서의 농림어업용 비닐하우스(비닐하우스 안에 설치하는 육상어류양식장을 제외한다)의 설치
⑤ 2미터 이상의 절토·성토가 수반되는 경작을 위한 형질변경

26 국토의 계획 및 이용에 관한 법령상 개발행위허가에 관한 설명으로 옳은 것은?

① 환경오염 방지 등을 위하여 필요한 경우 지방자치단체가 시행하는 개발행위에 대하여 이행보증금을 예치하게 할 수 있다.
② 개발행위허가를 받은 부지면적을 3% 확대하는 경우에는 별도의 변경허가를 받지 않아도 된다.
③ 「사방사업법」에 따른 사방사업을 위한 개발행위는 중앙도시계획위원회와 지방도시계획위원회의 심의를 거치지 아니한다.
④ 재해복구를 위한 응급조치로서 공작물의 설치를 하려는 자는 도시·군계획사업에 의한 행위가 아닌 한 개발행위허가를 받아야 한다.
⑤ 경작을 위한 경우라도 전·답 사이의 지목변경을 수반하는 토지의 형질변경은 허가를 받아야 한다.

27 국토의 계획 및 이용에 관한 법령에 따라 녹지지역이나 계획관리지역으로서 수목이 집단적으로 자라고 있는 지역에 대해서 개발행위허가를 제한하려는 경우에 관한 설명으로 틀린 것은?

① 개발행위허가를 제한하고자 하는 자가 국토교통부장관인 경우에는 중앙도시계획위원회의 심의를 거쳐야 한다.
② 한 차례만 3년 이내의 기간 동안 개발행위허가를 제한할 수 있다.
③ 한 차례만 2년 이내의 기간 동안 개발행위허가의 제한을 연장할 수 있다.
④ 국토교통부장관, 시·도지사, 시장 또는 군수는 개발행위허가를 제한하려면 대통령령으로 정하는 바에 따라 제한지역·제한사유·제한대상행위 및 제한기간을 미리 고시하여야 한다.
⑤ 개발행위허가 제한지역 등을 고시한 국토교통부장관, 시·도지사, 시장 또는 군수는 해당 지역에서 개발행위를 제한할 사유가 없어진 경우에는 그 제한기간이 끝나기 전이라도 지체 없이 개발행위허가의 제한을 해제하여야 한다.

28 국토의 계획 및 이용에 관한 법령상 개발행위에 따른 공공시설 등의 귀속에 관한 설명으로 틀린 것은?

① 개발행위허가를 받은 자가 행정청인 경우 개발행위허가를 받은 자가 새로 공공시설을 설치한 경우 새로 설치된 공공시설은 그 시설을 관리할 관리청에 무상으로 귀속된다.
② 개발행위허가를 받은 자가 행정청인 경우 개발행위허가를 받은 자가 기존의 공공시설에 대체되는 공공시설을 설치한 경우 종래의 공공시설은 개발행위허가를 받은 자에게 무상으로 귀속된다.
③ 개발행위허가를 받은 자가 행정청이 아닌 경우 개발행위허가를 받은 자가 새로 설치한 공공시설은 그 시설을 관리할 관리청에 무상으로 귀속된다.
④ 개발행위허가를 받은 자가 행정청이 아닌 경우 개발행위로 용도가 폐지되는 공공시설은 개발행위허가를 받은 자에게 무상으로 귀속된다.
⑤ 특별시장·광역시장·특별자치시장·특별자치도지사·시장 또는 군수는 공공시설의 귀속에 관한 사항이 포함된 개발행위허가를 하려면 미리 관리청의 의견을 들어야 한다.

29 국토의 계획 및 이용에 관한 법령상 성장관리계획을 수립한 지역에서 건폐율은 다음의 범위에서 지방자치단체의 조례로 정할 수 있다. 틀린 것은?

① 자연녹지지역 : 30퍼센트 이하
② 계획관리지역 : 50퍼센트 이하
③ 생산관리지역 : 30퍼센트 이하
④ 보전관리지역 : 30퍼센트 이하
⑤ 농림지역 : 30퍼센트 이하

30 국토의 계획 및 이용에 관한 법령상 개발밀도관리구역 및 기반시설부담구역에 관한 설명으로 옳은 것은?

① 개발밀도관리구역에서는 당해 용도지역에 적용되는 건폐율 또는 용적률을 강화 또는 완화하여 적용할 수 있다.
② 군수가 개발밀도관리구역을 지정하려면 지방도시계획위원회의 심의를 거쳐 도지사의 승인을 받아야 한다.
③ 해당 지역의 전년도 개발행위허가 건수가 전전년도 개발행위허가 건수보다 10퍼센트 이상 증가한 지역에는 기반시설부담구역을 지정하여야 한다.
④ 기반시설부담구역의 지정고시일부터 1년이 되는 날까지 기반시설설치계획을 수립하지 아니하면 그 1년이 되는날의 다음 날에 구역의 지정은 해제된 것으로 본다.
⑤ 기반시설부담구역에서 개발행위를 허가받고자 하는 자에게는 기반시설 설치비용을 부과하여야 한다.

31 도시개발법령상 개발계획에 관한 사항으로 옳은 것은?

① 개발계획 작성의 기준 및 방법은 시·도의 조례로 정한다.
② 자연녹지지역에 도시개발구역을 지정할 때에는 도시개발구역을 지정한 후에 개발계획을 수립할 수 있다.
③ 환지방식으로 도시개발사업을 시행하기 위해 개발계획을 수립하는 때에는 토지면적의 2분의 1 이상의 토지소유자와 토지소유자 총수의 3분의 2 이상의 동의를 얻어야 한다.
④ 개발계획에는 지구단위계획이 포함되어야 한다.
⑤ 재원조달계획은 도시개발구역을 지정한 후에 개발계획에 포함시킬 수 있다.

32 도시개발법령상 국토교통부장관이 도시개발구역을 지정할 수 있는 경우가 아닌 것은?

① 국가가 도시개발사업을 실시할 필요가 있는 경우
② 산업통상자원부장관이 10만 제곱미터 규모로 도시개발구역의 지정을 요청하는 경우
③ 지방공사의 장이 30만 제곱미터 규모로 도시개발구역의 지정을 요청하는 경우
④ 한국토지주택공사 사장이 30만 제곱미터 규모로 국가계획과 밀접한 관련이 있는 도시개발구역의 지정을 제안하는 경우
⑤ 천재·지변으로 인하여 도시개발사업을 긴급하게 할 필요가 있는 경우

33 도시개발구역으로 지정할 수 있는 규모로 옳은 것은?

① 도시지역 안의 주거지역 : 10,000m² 이상
② 도시지역 안의 상업지역 : 5,000m² 이상
③ 도시지역 안의 공업지역 : 20,000m² 이상
④ 도시지역 안의 자연녹지지역 : 5,000m² 이상
⑤ 도시지역 외의 지역 : 200,000m² 이상

34 도시개발법령상 도시개발구역의 지정에 관한 설명으로 옳은 것은?

① 서로 떨어진 둘 이상의 지역은 결합하여 하나의 도시개발구역으로 지정될 수 없다.
② 국가가 도시개발사업의 시행자인 경우 환지 방식의 사업에 대한 개발계획을 수립하려면 토지 소유자의 동의를 받아야 한다.
③ 광역시장이 개발계획을 변경하는 경우 군수 또는 구청장은 광역시장으로부터 송부 받은 관계 서류를 일반인에게 공람시키지 않아도 된다.
④ 도시개발구역의 지정은 도시개발사업의 공사 완료의 공고 일에 해제된 것으로 본다.
⑤ 도시개발사업의 공사 완료로 도시개발구역의 지정이 해제 의제된 경우에는 도시개발구역의 용도지역은 해당도시개발구역 지정 전의 용도지역으로 환원되거나 폐지된 것으로 보지 아니한다.

35 도시개발법령상 도시개발사업의 시행자에 관한 설명으로 틀린 것은?

① 도시개발사업의 시행자는 도시개발구역의 지정권자가 지정한다.
② 지방공사인 도시개발사업의 시행자는 설계·분양 등 도시개발사업의 일부를 「주택법」에 따른 주택건설사업자 등으로 하여금 대행하게 할 수 있다.
③ 도시개발조합은 도시개발사업의 전부를 환지방식으로 시행하는 경우에만 시행자가 될 수 있다.
④ 도시개발구역의 국공유지를 제외한 토지면적의 2분의 1 이상에 해당하는 토지 소유자 및 토지 소유자 총수의 2분의 1 이상이 동의하면 도시개발구역의 전부를 환지방식으로 시행하는 경우에도 지방자치단체등을 시행자로 지정할 수 있다.
⑤ 지방자치단체의 장이 집행하는 공공시설에 관한 사업과 병행하여 시행할 필요가 있는 경우 지정권자는 시행자를 변경할 수 있다.

36 도시개발법령상 도시개발조합에 대한 설명으로 틀린 것은?

① 조합원은 도시개발구역 안에 소재한 토지 소유자로 한다.
② 조합이 작성하는 정관에는 도시개발사업의 명칭이 포함되어야 한다.
③ 조합의 임원은 그 조합의 다른 임원이나 직원을 겸할 수 없다.
④ 조합설립인가를 받은 조합이 주된 사무소의 소재지를 변경하려면 지정권자로부터 변경인가를 받아야 한다.
⑤ 조합은 부과금을 체납하는 자가 있으면 대통령령으로 정하는 바에 따라 특별자치도지사·시장·군수 또는 구청장에게 그 징수를 위탁할 수 있다.

37 도시개발법령상 도시개발조합 총회의 권한 중 대의원회가 대행할 수 있는 사항을 모두 고른 것은?

> ㉠ 정관의 변경
> ㉡ 청산금의 징수·교부를 완료한 후에 하는 조합의 해산
> ㉢ 환지계획의 작성
> ㉣ 실시계획의 작성
> ㉤ 조합임원의 선임

① ㉠, ㉡ ② ㉡, ㉢ ③ ㉡, ㉣
④ ㉢, ㉣ ⑤ ㉣, ㉤

38 도시개발법령상 도시개발사업의 시행방식과 관련된 설명 중 옳은 것은?

① 개발계획에는 도시개발사업의 시행방식이 포함되어야 한다.
② 도시개발사업을 시행하는 지역의 지가가 인근의 다른 지역에 비하여 현저히 높은 경우에 수용 또는 사용방식으로 시행하는 것이 원칙이다.
③ 수용 또는 사용방식은 대지로서의 효용증진과 공공시설의 정비를 위하여 지목 또는 형질의 변경이나 공공시설의 설치·변경이 필요한 경우에 시행하는 방식이다.
④ 계획적이고 체계적인 도시개발 등 집단적인 조성이 필요한 경우에 환지방식으로 시행하는 것을 원칙으로 한다.
⑤ 수용 또는 사용하는 방식과 환지방식을 혼용하여 시행하는 경우에 각각의 방식이 적용되는 구역으로 구분하여 사업시행지구로 분할하여 시행할 수 없다.

39 도시개발법령상 수용방식의 도시개발사업의 시행과 관련된 내용으로 옳은 것은?

① 대지로서의 효용증진과 공공시설의 정비를 위하여 토지의 교환·분합, 그 밖의 구획변경 등이 필요한 경우 수용 또는 사용방식으로 시행한다.
② 민간사업시행자는 사업대상 토지면적 3분의 2 이상의 토지를 소유하고 토지소유자 총수 2분의 1 이상의 동의를 얻어야 수용·사용할 수 있다.
③ 한국토지주택공사인 시행자가 선수금을 받으려면 공급계약의 불이행 시 선수금의 환불을 담보하기 위하여 보증서 등을 지정권자에게 제출하여야 한다.
④ 원형지를 학교부지로 직접 사용하는 자를 원형지개발자로 선정하는 경우 수의계약의 방식으로 한다.
⑤ 조성토지 등의 가격을 평가할 때에는 토지평가협의회의 심의를 거쳐 결정하여야 한다.

40 도시개발법령상 토지상환채권의 발행에 관한 설명으로 옳은 것은?

① 토지상환채권을 상환하는 경우 사업 시행으로 조성된 건축물로 상환할 수 없다.
② 토지상환채권의 이율은 발행당시의 은행의 예금금리 및 부동산 수급상황을 고려하여 지정권자가 정한다.
③ 시행자는 토지상환채권을 발행하려면 미리 행정안전부장관의 승인을 받아야 한다.
④ 토지상환채권을 질권의 목적으로 하는 경우에는 질권자의 성명과 주소가 토지상환채권원부에 기재되지 아니하면 질권자는 발행자 및 그 밖의 제3자에게 대항하지 못한다.
⑤ 한국토지주택공사는 대통령령으로 정하는 금융기관 등으로부터 지급보증을 받은 경우에만 토지상환채권을 발행할 수 있다.

41 도시개발법령상 원형지의 공급과 개발에 관한 설명으로 틀린 것은?

① 원형지개발자의 선정은 수의계약의 방법으로 하는 것이 원칙이다.

② 지방자치단체가 원형지 개발자인 경우 10년의 범위에서 대통령령이 정하는 기간 안에는 원형지를 매각할 수 없다.

③ 공급될 수 있는 원형지는 도시개발구역 전체 토지면적의 3분의 1 이내로 한정한다.

④ 원형지 공급가격은 개발계획이 반영된 원형지의 감정가격에 시행자가 원형지에 설치한 기반시설 등의 공사비를 더한 금액을 기준으로 시행자와 원형지개발자가 협의하여 결정한다.

⑤ 원형지개발자가 세부계획에서 정한 착수기한 안에 공사에 착수하지 아니하는 경우에는 공급계약을 해제할 수 있다.

42 도시개발법령상 도시개발사업의 시행으로 인하여 조성된 토지 등의 공급 방법이다. 틀린 것은?

① 시행자(지정권자 제외)는 조성토지 등을 공급하고자 하는 때에는 조성토지 등의 공급계획을 작성 또는 변경하여 지정권자에게 제출하여야 한다.

② 조성토지 등의 공급은 경쟁입찰의 방법에 따른다.

③ 시행자는 학교, 폐기물처리시설, 이주단지의 조성을 위한 토지를 공급하는 경우에는 감정평가법인 등이 평가한 가격 이하로 공급할 수 있다.

④ 330m² 이하의 단독주택용지는 경쟁입찰 방법으로 공급하여야 한다.

⑤ 토지상환채권에 의하여 토지를 상환하는 경우 수의계약의 방법으로 조성토지 등을 공급할 수 있다.

43 도시개발법령상 환지방식에 의한 사업시행에 관한 설명으로 옳은 것은?

① 환지계획에서 정하여진 환지는 그 환지처분이 공고된 날부터 종전의 토지로 본다.

② 체비지는 환지계획에서 정한 자가 환지처분이 공고된 날에 소유권을 취득한다.

③ 과소토지여서 환지대상에서 제외한 토지에 대하여는 청산금을 교부하는 때에 청산금을 결정할 수 있다.

④ 도시개발사업의 시행으로 행사할 이익이 없어진 지역권은 환지처분이 공고된 날의 다음 날이 끝나는 때에 소멸한다.

⑤ 환지처분은 행정상 처분으로서 종전의 토지에 전속(專屬)하는 것에 관하여 영향을 미친다.

44 도시개발법령상 도시개발채권에 관한 설명으로 옳은 것은?

① 도시개발조합은 도시·군계획시설사업에 필요한 자금을 조달하기 위하여 도시개발채권을 발행할 수 있다.

② 이율은 채권의 발행 당시의 국채·공채 등의 금리 등을 고려하여 발행자가 정한다.

③ 도시개발채권은 기명증권으로 발행한다.

④ 시·도지사가 도시개발채권을 발행하는 경우 상환방법 및 절차에 대하여 행정안전부장관의 승인을 받아야 한다.

⑤ 도시개발채권의 소멸시효는 상환일부터 기산하여 원금은 3년, 이자는 2년으로 한다.

45 도시 및 주거환경정비법령상의 용어 및 내용에 대한 설명 중 옳은 것은?

① 주거환경개선사업이란 정비기반시설이 열악하고 노후·불량건축물이 밀집한 지역에서 주거환경을 개선하는 사업을 말한다.

② 상업지역·공업지역 등에서 도시기능의 회복 및 상권활성화 등을 위하여 도시환경을 개선하기 위한 사업은 재개발사업에 해당한다.

③ 준공일 기준으로 20년까지 사용하기 위한 보수·보강비용이 철거 후 신축비용보다 큰 건축물은 노후·불량건축물에 해당한다.

④ 공용주차장은 공동이용시설에 해당한다.

⑤ 주거환경개선사업의 경우 토지등소유자란 정비구역안에 소재한 토지 또는 건축물의 소유자 또는 그 임차권자를 말한다.

46 도시 및 주거환경정비법령상 정비기반시설이 아닌 것을 모두 고른 것은?

(단, 주거환경개선사업을 위하여 지정·고시된 정비구역이 아님)

㉠ 광장	㉡ 구거(構葉)	㉢ 놀이터
㉣ 녹지	㉤ 공동구	㉥ 마을회관

① ㉠, ㉡   ② ㉡, ㉢   ③ ㉢, ㉥

④ ㉣, ㉤   ⑤ ㉤, ㉥

47 도시 및 주거환경정비법령상 도시·주거환경정비기본계획(이하 '기본계획'이라 한다)에 대한 설명으로 옳은 것은?

① 기본계획은 특별시장·광역시장·시장 또는 군수가 수립한다.

② 특별시장이 기본계획을 수립한 때에는 국토교통부장관의 승인을 받아야 한다.

③ 기본계획에 대하여는 3년마다 그 타당성 여부를 검토하여 그 결과를 기본계획에 반영하여야 한다.

④ 기본계획을 수립 또는 변경하고자 하는 때에는 14일 이상 주민에게 공람하여야 한다.

⑤ 기본계획을 수립하고자 하는 때에는 지방의회의 의견을 들어야 하며, 지방의회는 기본계획이 통지된 날부터 30일 이내에 의견을 제시하여야 한다.

48 도시 및 주거환경정비법령상 정비구역 안에서 시장·군수등의 허가를 받아야 하는 행위가 아닌 것은? (단, 재해복구 또는 재난수습과 관련 없는 행위임)

① 정비구역 안에 존치하기로 결정된 대지 안에서 물건을 쌓아놓는 행위

③ 토지분할

④ 가설건축물의 건축

② 공유수면의 매립

⑤ 경작지에서 관상용 죽목의 임시식재

49 도시 및 주거환경정비법령상 정비구역의 해제사유에 해당하는 것은?

① 조합의 재건축사업의 경우, 토지등소유자가 정비구역으로 지정·고시된 날부터 1년이 되는 날까지 조합설립추진위원회의 승인을 신청하지 않은 경우

② 조합의 재건축사업의 경우, 토지등소유자가 정비구역으로 지정·고시된 날부터 2년이 되는 날까지 조합설립인가를 신청하지 않은 경우

③ 조합의 재건축사업의 경우, 조합설립추진위원회가 추진위원회 승인일부터 1년이 되는 날까지 조합설립인가를 신청하지 않은 경우

④ 토지등소유자가 재개발사업을 시행하는 경우로서 토지등소유자가 정비구역으로 지정·고시된 날부터 5년이 되는 날까지 사업시행계획인가를 신청하지 않은 경우

⑤ 조합설립추진위원회가 구성된 구역에서 토지등소유자의 100분의 20이 정비구역의 해제를 요청한 경우

50 도시 및 주거환경정비법령상 재건축사업의 안전진단에 대한 설명으로 옳은 것은?

① 재건축사업의 안전진단은 주택단지 내의 공동주택을 대상으로 한다.

② 주택의 구조안전상 사용금지가 필요하다고 시·도지사가 인정하는 건축물은 안전진단 대상에서 제외할 수 있다.

③ 정비계획의 입안권자는 안전진단의 요청이 있는 때에는 요청일부터 30일 이내에 국토교통부장관이 정하는 바에 따라 안전진단의 실시여부를 결정하여 요청인에게 통보하여야 한다.

④ 시·도지사는 안전진단의 결과와 도시계획 및 지역여건 등을 종합적으로 검토하여 정비계획의 입안 여부를 결정하여야 한다.

⑤ 안전진단에 드는 비용은 안전진단을 요청하는 자가 부담하는 것이 원칙이다.

51 도시 및 주거환경정비법상 정비사업의 시행방법에 관한 설명으로 옳은 것은?

① 주거환경개선사업의 경우 관리처분계획에 따라 주택을 건설하여 공급하는 방법은 허용되지 않는다.

② 재개발사업은 정비구역에서 인가받은 관리처분계획에 따라 건축물을 건설하여 공급하거나, 환지로 공급하는 방법으로 한다.

③ 재건축사업의 시행자가 정비구역의 전부를 수용하여 주택을 건설한 후 토지등소유자에게 공급하는 방법으로 시행할 수 있다.

④ 재건축사업은 환지로 공급하는 방법으로도 시행할 수 있다.

⑤ 재건축사업으로 공급하는 오피스텔은 전체 건축물 연면적의 100분의 20 이하이어야 한다.

52 도시 및 주거환경정비법령상 정비사업의 시행방법 및 시행자에 관한 설명으로 옳은 것은?

① 주거환경개선사업은 사업시행자가 정비구역에서 인가받은 관리처분계획에 따라 주택 및 부대시설·복리시설을 건설하여 공급하는 방법으로도 시행할 수 있다.

② 주거환경개선사업은 조합이 시행하는 것이 원칙이다.

③ 재건축사업을 조합이 시장·군수등과 공동으로 시행하려면 조합원의 3분의 2 이상의 동의를 받아야 한다.

④ 재건축사업의 토지등소유자가 30명 미만인 경우 조합을 구성하지 아니하고 토지등소유자가 시행할 수 있다.

⑤ 준공업지역에서 재건축사업을 시행하는 경우 관리처분계획에 따라 오피스텔을 건설하여 공급할 수 있다.

53 도시 및 주거환경정비법령상 시공자의 선정 등에 관한 내용으로 옳은 것은?

① 추진위원회 승인을 받은 후 시공자를 선정하는 것이 원칙이다.
② 조합원이 200명 이하의 경우에는 정관으로 정하는 바에 따라 선정할 수 있다.
③ 재개발사업을 토지등소유자가 시행하는 경우 사업시행계획인가를 받은 후 경쟁입찰의 방법으로 시공자를 선정하여야 한다.
④ 시장·군수등이 정비사업을 시행하는 경우 사업시행계획인가를 받은 후 시공자를 선정하여야 한다.
⑤ 사업시행자는 선정된 시공자와 공사에 관한 계약을 체결할 때에는 기존 건축물의 철거 공사에 관한 사항을 포함하여야 한다.

54 도시 및 주거환경정비법령상 조합임원에 관한 설명으로 옳은 것은?

① 토지등소유자의 수가 100명 미만인 조합에는 감사를 두지 않을 수 있다.
② 조합임원이 결격사유에 해당되어 퇴임되더라도 퇴임 전에 관여한 행위는 그 효력을 잃지 않는다.
③ 조합장의 자기를 위한 조합과의 소송에 관하여는 이사가 조합을 대표한다.
④ 조합임원은 같은 목적의 정비사업을 하는 다른 조합의 임원을 겸할 수 있다.
⑤ 조합장을 포함하여 조합임원은 조합의 대의원이 될 수 없다.

55 도시 및 주거환경정비법령상 조합설립 등에 관하여 ( )에 들어갈 내용을 바르게 나열한 것은?

> • 재개발사업의 추진위원회가 조합을 설립하려면 토지등소유자의 (㉠) 이상 및 토지면적의 (㉡) 이상의 토지소유자의 동의를 받아 시장·군수등의 인가를 받아야 한다.
> • 조합이 정관의 기재사항 중 조합원의 자격에 관한 사항을 변경하려는 경우에는 총회를 개최하여 조합원 (㉢) (이상)의 찬성으로 시장·군수 등의 인가를 받아야 한다.

① ㉠: 3분의 2, ㉡: 3분의 1, ㉢: 3분의 2
② ㉠: 3분의 2, ㉡: 2분의 1, ㉢: 과반수
③ ㉠: 4분의 3, ㉡: 3분의 1, ㉢: 과반수
④ ㉠: 4분의 3, ㉡: 2분의 1, ㉢: 3분의 2
⑤ ㉠: 4분의 3, ㉡: 3분의 2, ㉢: 과반수

56 도시 및 주거환경정비법령상 정비사업에 관한 설명으로 틀린 것은?

① 사업시행자는 재건축사업을 시행할 때 건축물 또는 토지만 소유한 자의 토지 또는 건축물에 대하여 매도청구할 수 있다.
② 사업시행자는 재건축사업의 시행으로 철거되는 주택의 소유자 또는 세입자에 대하여 주택자금의 융자알선 등 임시거주에 상응하는 조치를 하여야 한다.
③ 재개발사업의 사업시행자는 사업시행으로 이주하는 상가세입자가 사용할 수 있도록 정비구역 또는 정비구역의 인근에 임시상가를 설치할 수 있다.
④ 재건축사업을 시행하는 경우 조합설립인가일 현재 조합원 전체의 공동소유인 토지 또는 건축물은 조합 소유의 토지 또는 건축물로 본다.
⑤ 정비사업의 시행으로 인하여 지상권·전세권 또는 임차권의 설정목적을 달성할 수 없는 때에는 그 권리자는 계약을 해지할 수 있다.

57 도시 및 주거환경정비법령상 관리처분계획에 관한 설명으로 옳은 것은?

① 사업시행자는 사업시행계획인가의 고시가 있는 날부터 90일 이내에 개략적인 부담금내역 및 분양신청기간 등을 토지등소유자에게 통지하여야 한다.

② 분양신청기간은 통지한 날부터 20일 이상 30일 이내로 하여야 한다.

③ 대지 또는 건축물에 대한 분양을 받고자 하는 토지등소유자는 시장·군수에게 분양신청을 하여야 한다.

④ 사업시행자는 분양신청을 하지 아니한 자에 대해서는 관리처분계획이 인가·고시된 다음 날부터 90일 이내에 토지·건축물 또는 그 밖의 권리의 손실보상에 관한 협의를 하여야 한다.

⑤ 투기과열지구의 정비사업에서 관리처분계획에 따른 분양대상자는 분양대상자 선정일부터 10년 이내에는 투기과열지구에서 분양신청을 할 수 없다.

58 도시 및 주거환경정비법령상 관리처분계획에 관한 설명으로 옳은 것은?

① 너무 좁은 토지라도 토지등소유자가 동의하지 아니하면 현금으로 청산할 수 없다.

② 분양설계에 관한 계획은 분양신청기간이 만료하는 날을 기준으로 하여 수립한다.

③ 사업시행자는 관리처분계획을 변경·중지 또는 폐지하려는 경우에는 시장·군수등에게 신고하여야 한다.

④ 과밀억제권역에 위치한 재건축사업의 토지등소유자에게는 소유한 주택 수만큼 공급할 수 있다.

⑤ 재개발사업의 경우 관리처분은 조합이 조합원 전원의 동의를 받아 그 기준을 따로 정하는 경우에는 그에 따른다.

59 도시 및 주거환경정비법령상 청산금에 대한 설명으로 틀린 것은?

① 청산금은 소유권 이전의 고시가 있은 후에 징수하거나 지급하는 것이 원칙이다.

② 청산금은 종전에 소유하고 있던 토지 또는 건축물의 가격과 분양받은 대지 또는 건축물의 가격은 그 토지 또는 건축물의 규모·위치·용도·이용상황·정비사업비 등을 참작하여 평가하여야 한다.

③ 청산금을 납부할 자가 이를 납부하지 아니하는 경우에는 시장·군수 등이 아닌 사업시행자는 지방세체납처분의 예에 의하여 이를 강제징수할 수 있다.

④ 청산금을 지급받을 자가 이를 받을 수 없거나 거부한 때에는 사업시행자는 그 청산금을 공탁할 수 있다.

⑤ 청산금을 지급받을 권리 또는 이를 징수할 권리는 소유권이전의 고시일 다음 날부터 5년간 이를 행사하지 아니하면 소멸한다.

60 건축법령상 용어에 관련된 설명으로 옳은 것은?

① 초고층건축물이란 층수가 30층 이상이거나 높이가 120m 이상인 건축물을 말한다.

② 기둥과 기둥 사이의 거리가 15미터인 건축물은 특수구조 건물로서 건축물 내진등급의 설정에 관한 규정을 강화하여 적용할 수 있다.

③ 16층 이상인 건축물은 다중이용 건축물에 해당된다.

④ 이전이란 건축물의 주요구조부를 해체하여 같은 대지의 다른 위치로 옮기는 것을 말한다.

⑤ 지하층이란 건축물의 바닥이 지표면 아래에 있는 층으로서 바닥에서 지표면까지 평균높이가 해당 층 높이의 3분의 2 이상인 것을 말한다.

61 건축법령상 건축물과 관련된 설명으로 옳은 것을 모두 고른 것은?

> ㉠ 도시지역 및 지구단위계획구역 외의 지역으로서 동이나 읍이 아닌 지역은 대지분할제한에 관한 규정을 적용하지 아니한다.
> ㉡ 주요구조부란 내력벽, 기둥, 바닥, 보, 차양 및 주계단을 말한다.
> ㉢ 문화 및 집회시설 중 동물원 용도로 쓰는 바닥면적의 합계가 5천제곱미터 이상인 건축물은 다중이용 건축물에 해당한다.
> ㉣ 고속도로 통행료징수시설은 건축법을 적용하지 아니한다.

① ㉠, ㉡   ② ㉠, ㉢   ③ ㉠, ㉣
④ ㉡, ㉣   ⑤ ㉢, ㉣

62 건축법령상 건축에 관한 설명으로 옳은 것은?

① 부속건축물만 있는 대지에 새로 주된 건축물을 축조하는 것은 증축이다.
② 건축물의 주요구조부를 해체하여 같은 대지의 다른 위치로 옮기는 것은 이전이다.
③ 기존 건축물의 전부를 해체하고 그 대지에 종전 규모를 초과하는 건축물을 축조하는 것은 개축이다.
④ 기존 건축물이 멸실된 대지에 종전의 규모를 초과하여 건축하는 것은 신축이다.
⑤ 기존 건축물의 연면적의 증가 없이 높이만을 늘리는 것은 증축이 아니다.

63 건축법령상 대수선에 해당하지 않는 것은? (다만, 증축·개축 또는 재축에 해당하지 아니하는 것임)

① 내력벽의 벽면적을 30m² 이상 수선하는 것
② 건축물의 외벽에 사용하는 창문틀을 해체하는 것
③ 기둥을 3개 이상 수선하는 것
④ 특별피난계단을 증설하는 것
⑤ 다세대주택의 세대간 경계벽을 변경하는 것

64 건축법령상 특별시에서 기존 건축물의 용도를 변경하고자 하는 경우에 관한 설명으로 옳은 것은?

① 운수시설을 창고시설로 용도변경하는 경우 관할 구청장에게 허가를 받아야 한다.
② 발전시설을 공장으로 용도변경하는 경우 특별시장의 허가를 받아야 한다.
③ 운동시설을 수련시설로 용도변경하는 경우 관할 구청장에게 신고하여야 한다.
④ 숙박시설을 종교시설로 용도변경하는 경우 특별시장에게 신고하여야 한다.
⑤ 업무시설을 교육연구시설로 용도변경하는 경우 특별시장에게 건축물대장 기재내용의 변경을 신청하여야 한다.

65 건축법령상 건축 관련 입지와 규모의 사전결정에 관한 설명으로 틀린 것은?

① 건축허가 대상 건축물을 건축하려는 자는 건축허가를 신청하기 전에 허가권자에게 해당 대지에 건축 가능한 건축물의 규모에 대한 사전결정을 신청할 수 있다.
② 사전결정신청자는 건축위원회 심의와 「도시교통정비 촉진법」에 따른 교통영향평가서의 검토를 동시에 신청할 수 있다.
③ 허가권자는 사전결정이 신청된 건축물의 대지면적이 「환경영향평가법」에 따른 소규모 환경영향평가 대상사업인 경우 환경부장관이나 지방환경관서의 장과 소규모 환경영향평가에 관한 협의를 하여야 한다.
④ 사전결정신청자가 사전결정 통지를 받은 경우에는 「하천법」에 따른 하천점용허가를 받은 것으로 본다.
⑤ 사전결정신청자는 사전결정을 통지받은 날부터 2년 이내에 건축허가를 받아야 하며, 이 기간에 건축허가를 받지 아니하면 사전결정의 효력은 상실된다.

66 건축법상 건축허가에 관한 설명으로 옳은 것은?

① 건축허가에 관한 권한은 시장·군수·구청장의 고유권한이다.

② 특별시장·광역시장·도지사는 주무부장관이 요청하면 허가권자의 건축허가나 허가를 받은 건축물의 착공을 제한할 수 있다.

③ 허가권자는 건축허가를 받은 후 1년 이내에 착수하지 아니한 경우 건축허가를 취소할 수 있다.

④ 허가권자는 숙박시설에 해당하는 건축물이 주거환경 등 주변환경을 감안할 때 부적합하다고 인정하는 경우 건축위원회의 심의를 거쳐 건축허가를 하지 아니할 수 있다.

⑤ 시장·군수·구청장은 21층 이상의 건축물을 허가하는 경우 시·도지사의 사전승인을 받아야 한다.

67 건축법령상 허가대상 건축물이라 하더라도 건축신고를 하면 건축허가를 받은 것으로 보는 경우가 아닌 것은?

① 연면적이 150제곱미터이고 2층인 건축물의 대수선

② 보를 5개 수선하는 것

③ 내력벽의 면적을 50제곱미터 수선하는 것

④ 소규모 건축물로서 연면적의 합계가 150제곱미터인 건축물의 신축

⑤ 소규모 건축물로서 건축물의 높이를 3미터 증축하는 건축물의 증축

68 건축법령상 가설건축물의 건축에 관한 설명으로 옳은 것은?

① 도시·군계획시설 또는 도시·군계획시설예정지에서 가설건축물을 건축하려면 시장·군수·구청장에게 신고하여야 한다.

② 신고하여야 하는 가설건축물의 존치기간은 2년 이내로 한다.

③ 신고대상인 가설건축물의 존치기간을 연장하려면 존치기간 만료일 14일 전까지 신고를 해야 한다.

④ 공장에 설치한 가설건축물의 존치기간을 연장하려면 기간 만료 7일 전에 연장신고를 해야 한다.

⑤ 특별자치시장·특별자치도지사 또는 시장·군수·구청장은 가설건축물의 존치기간 만료일 30일 전까지 가설건축물의 건축주에게 존치기간 만료일 등을 알려야 한다.

69 건축법령상 건축물의 사용승인에 관한 설명으로 옳은 것은?

① 공사감리자는 건축공사가 완료되면 허가권자에게 사용승인을 신청하여야 한다.

② 허가권자는 사용승인신청을 받은 경우에는 14일 이내에 사용승인을 위한 검사를 실시하고 검사에 합격된 건축물에 대하여는 사용승인서를 교부하여야 한다.

③ 지방자치단체의 조례가 정하는 건축물은 사용승인의 위한 검사를 실시하지 아니하고 사용승인서를 교부할 수 있다.

④ 허가권자가 법령이 정한 기간 내에 사용승인서를 교부하지 않은 경우 건축주는 그 건축물을 사용하거나 사용하게 할 수 없다.

⑤ 허가권자는 직권으로 임시사용을 승인할 수 있으며 그 기간은 1년 이내로 하여야 한다.

70 건축법령상 대지에 대해 조경 등의 조치를 하여야 하는 건축물은?

① 녹지지역에 건축하는 건축물

② 면적 5천m² 미만인 대지에 건축하는 공장

③ 상업지역에 건축하는 연면적의 합계가 1천5백m² 미만인 물류시설

④ 축사

⑤ 연면적의 합계가 1천5백m² 미만인 공장

71 건축법상 공개공지에 대한 설명 중 옳은 것은?

① 바닥면적 합계 5천m² 이상인 위락시설은 공개공지 설치대상인 건축물이다.

② 공개공지를 설치하는 경우에는 당해지역에 적용되는 건폐율의 1.2배 이하의 범위 안에서 이를 완화하여 적용할 수 있다.

③ 대지 안의 조경면적과 매장유산의 원형 보존 조치면적을 공개공지 등의 면적으로할 수 있다.

④ 공개공지 등에는 연간 30일 이내의 기간 동안 건축조례로 정하는 바에 따라 주민들을 위한 문화행사를 열거나 판촉활동을 할 수 있다.

⑤ 공개공지의 면적은 대지면적의 15% 이하의 범위 안에서 건축조례로 정한다.

72 건축법령상의 도로에 관한 설명 중 옳은 것은?

① 「도로법」 등 관계법령에 의하여 신설·변경에 관한 고시가 있어야만 건축법령상의 도로에 포함될 수 있다.

② 실제로 개설되어 있지 아니한 도시·군계획상의 예정도로는 포함되지 아니한다.

③ 시장·군수·구청장이 건축허가와 관련하여 도로를 지정·공고하려면 이해관계인의 동의를 반드시 받아야 한다.

④ 건축법령상의 도로는 원칙적으로 보행 및 자동차의 통행이 가능한 구조이어야 한다.

⑤ 통과도로의 너비는 원칙적으로 6m 이상이어야 한다.

73 건축법령상 건축선에 관한 내용으로 틀린 것은?

① 도로와 접한 부분에 건축물을 건축할 수 있는 선(건축선)은 대지와 도로의 경계선으로 한다.

② 소요 너비에 못 미치는 너비의 도로인 경우에는 그 중심선으로부터 그 소요 너비의 2분의 1의 수평거리만큼 물러난 선을 건축선으로 한다.

③ 도로의 반대쪽에 경사지, 하천, 철도, 선로부지, 그 밖에 이와 유사한 것이 있는 경우에는 그 경사지 등이 있는 쪽의 도로경계선에서 소요 너비에 해당하는 수평거리의 선을 건축선으로 한다.

④ 건축물 및 담장과 지표(地表) 아래 부분은 건축선의 수직면(垂直面)을 넘어서는 아니 된다.

⑤ 도로면으로부터 높이 4.5미터 이하에 있는 출입구, 창문, 그 밖에 이와 유사한 구조물은 열고 닫을 때 건축선의 수직면을 넘지 아니하는 구조로 하여야 한다.

74 건축법령상 건축물의 면적, 층수 등의 산정방법에 관한 설명으로 틀린 것은?

① 외벽이 없는 경우에는 외곽 부분의 기둥의 중심선으로 둘러싸인 부분의 수평투영면적을 건축면적으로 한다.

② 지하주차장의 경사로는 건축면적에 산입하지 아니한다.

③ 용적률을 산정할 때에는 지하층의 면적은 연면적에 포함시키지 아니한다.

④ 건축물이 부분에 따라 그 층수가 다른 경우에는 그 중 가장 많은 층수를 그 건축물의 층수로 본다.

⑤ 주택의 발코니의 바닥은 발코니의 면적에서 발코니가 접한 가장 긴 외벽에 접한 길이에 1미터를 곱한 값을 뺀 면적을 바닥면적에 산입한다.

75 건축법령상 높이·층수 등의 산정방법에 관한 설명으로 틀린 것은?

① 건축물의 1층 전체에 필로티가 설치되어 있는 경우에는 필로티의 층고는 건축물의 높이에서 제외한다.

② 층고란 방의 바닥구조체 윗면으로부터 위층 바닥구조체의 윗면까지의 높이로 한다.

③ 건축물의 층의 구분이 명확하지 아니한 경우에는 건축물의 높이 4m마다 하나의 층으로 산정한다.

④ 지하층은 층수에 산입하지 아니한다.

⑤ 건축물이 부분에 따라 층수가 다른 경우에는 가중 평균한 층수를 그 건축물의 층수로 본다.

76 건축법령상 건축물의 높이 제한에 관한 설명으로 틀린 것은?

① 전용주거지역과 일반주거지역 안에서 건축하는 건축물에 대하여는 일조의 확보를 위한 높이 제한이 적용된다.

② 일반상업지역에 건축하는 공동주택으로서 하나의 대지에 두 동(棟) 이상을 건축하는 경우에는 채광의 확보를 위한 높이 제한이 적용된다.

③ 제3종 일반주거지역의 경우 정북방향인접대지 경계선으로부터 건축물 높이 10미터 이하인 부분은 인접 대지경계선으로부터 1.5미터 이상 띄어 건축하여야 한다.

④ 허가권자는 같은 가로구역에서 건축물의 용도 및 형태에 따라 건축물의 높이를 다르게 정할 수 있다.

⑤ 허가권자는 가로구역별 건축물의 최고 높이를 지정하려면 지방건축위원회의 심의를 거쳐야 한다.

77 건축법령상 이행강제금에 관한 설명으로 틀린 것은?

① 허가권자는 이행강제금을 부과하기 전에 이행강제금을 부과·징수한다는 뜻을 미리 문서로써 계고(戒告)하여야 한다.

② 건축물이 허가를 받지 아니하고 건축된 경우에는 1m²당 시가표준액의 100분의 10에 상당하는 금액에 위반면적을 곱한 금액 이하의 이행강제금을 부과할 수 있다.

③ 허가권자는 영리목적을 위한 위반이나 상습적 위반 등 대통령령으로 정하는 경우에 100분의 100의 범위에서 이행강제금을 가중하여야 한다.

④ 이행강제금은 최초의 시정명령이 있었던 날을 기준으로 하여 1년에 2회 이내의 범위에서 부과할 수 있다.

⑤ 허가권자는 시정명령을 받은 자가 이를 이행하면 새로운 이행강제금의 부과를 즉시 중지하되, 이미 부과된 이행강제금은 징수하여야 한다.

78 주택법령상 용어에 관한 설명으로 틀린 것은?

① 주택이란 세대의 구성원이 장기간 독립된 주거생활을 할 수 있는 구조로 된 건축물의 전부 또는 일부 및 그 부속토지를 말한다.

② 준주택이란 주택 외의 건축물과 그 부속토지로서 주거시설로 이용가능한 시설 등을 말한다.

③ 도시형 생활주택이란 300세대 미만의 국민주택규모에 해당하는 주택으로서 대통령령으로 정하는 주택을 말한다.

④ 리모델링이라 함은 건축물의 노후화 억제 또는 기능향상 등을 위하여 대수선 또는 대통령령이 정하는 범위에서 증축을 하는 행위를 말한다.

⑤ 민영주택이란 민간사업주체가 건설하는 주택을 말한다.

79 주택법령상 사업계획의 승인을 받아 건설하는 공동주택에 설치하는 세대 구분형 공동주택에 대한 설명으로 옳은 것은?

① 세대구분형 공동주택은 공동주택의 주택 내부 공간의 일부를 세대별로 구분하여 생활이 가능한 구조로서 그 구분된 공간의 일부를 구분소유 할 수 있는 주택이다.

② 세대구분형 공동주택의 세대별로 구분된 각각의 공간마다 별도의 욕실, 부엌과 현관을 설치하여야 한다.

③ 세대 간에 연결문을 설치하거나 경량구조의 경계벽을 설치하여서는 아니 된다.

④ 세대구분형 공동주택이 주택단지 공동주택 전체 호수의 10분의 1을 넘지 않아야 한다.

⑤ 세대구분형 공동주택의 세대별로 구분된 각각의 공간의 주거전용면적 합계가 주택단지 전체 주거전용면적 합계의 5분의 1을 넘지 않아야 한다.

80 주택법령상 도시형 생활주택에 관한 설명으로 틀린 것은?

① '도시형 생활주택'이란 300세대 미만의 국민주택규모에 해당하는 주택으로서 대통령령으로 정하는 주택을 말한다.

② 준공업지역에서는 하나의 건축물에 소형 주택과 도시형 생활주택 외의 주택을 함께 건축할 수 있다.

③ 소형 주택의 세대별 주거전용면적은 60제곱미터 이하이어야 한다.

④ 하나의 건축물에 소형 주택과 주거전용면적이 85제곱미터를 초과하는 주택 1세대를 함께 건축할 수 있다.

⑤ 단지형 연립주택은 건축위원회의 심의를 받은 경우에는 주택으로 쓰는 층수를 5개층까지 건축할 수 있다.

81 주택법령상 주택조합에 관한 설명으로 옳은 것은?

① 리모델링주택조합은 등록사업자와 공동으로 주택건설사업을 시행할 수 있다.

② 등록사업자와 공동으로 주택건설사업을 하려는 주택조합은 국토교통부장관에게 등록하여야 한다.

③ 지역주택조합의 설립인가를 받으려는 자는 해당 주택건설대지의 80퍼센트 이상에 해당하는 토지의 사용권원 및 15퍼센트 이상에 해당하는 토지의 소유권을 확보하여야 한다.

④ 리모델링주택조합의 설립인가를 신청하려면 해당 주택건설대지의 80퍼센트 이상에 해당하는 토지의 사용권원을 확보하여야 한다.

⑤ 리모델링주택조합은 주택건설예정세대수의 50% 이상의 조합원으로 구성하되, 조합원은 20명이상이어야 한다.

82 주택법령상 주택조합에 관한 설명으로 옳은 것은?

① 국민주택을 공급받기 위하여 설립한 직장주택조합을 해산하려면 관할 시장·군수·구청장의 인가를 받아야 한다.

② 지역주택조합은 임대주택으로 건설·공급하여야 하는 세대수를 포함하여 주택건설예정세대수의 3분의 1 이상의 조합원으로 구성하여야 한다.

③ 리모델링주택조합의 경우 공동주택의 소유권이 수인의 공유에 속하는 경우에는 그 수인 모두를 조합원으로 본다.

④ 지역주택조합의 설립 인가 후 조합원이 사망하였더라도 조합원수가 주택건설예정세대수의 2분의 1 이상을 유지하고 있다면 조합원을 충원할 수 없다.

⑤ 조합원의 사망·자격상실·탈퇴 등으로 인한 결원을 충원하는 경우에는 신고하지 아니하고 선착순의 방법으로 조합원을 모집할 수 있다.

83 주택법령상 지역주택조합이 설립인가를 받은 후 조합원을 신규로 가입하게 할 수 있는 경우와 결원의 범위에서 충원할 수 있는 경우 중 어느 하나에도 해당하지 않는 것은?

① 조합원이 사망한 경우

② 조합원이 무자격자로 판명되어 자격을 상실하는 경우

③ 조합원을 수가 주택건설 예정 세대수를 초과하지 아니하는 범위에서 조합원 추가모집의 승인을 받은 경우

④ 조합원의 탈퇴 등으로 조합원 수가 주택건설 예정 세대 수의 60퍼센트가 된 경우

⑤ 사업계획승인의 과정에서 주택건설 예정 세대수가 변경되어 조합원 수가 변경된 세대수의 40퍼센트가 된 경우

84 주택법령상 대지면적이 8만m²인 주택건설사업의 사업계획승인권자가 될 수 없는 자는?

① 특별시장　　　② 광역시장　　　③ 시장

④ 군수　　　　　⑤ 구청장

85 주택법령상 주택건설사업계획의 승인 등에 관한 설명으로 옳은 것은? (단, 다른 법률에 따른 사업은 제외함)

① 주거전용 단독주택인 건축법령상의 한옥 30호 이상의 건설사업을 시행하려는 자는 사업계획승인을 받아야 한다.

② 주택건설사업을 시행하려는 자는 전체 세대수가 500세대 이상의 주택단지를 공구별로 분할하여 주택을 건설·공급할 수 있다.

③ 한국토지주택공사가 대지면적이 15만m²인 주택건설사업을 시행하려면 시·도지사 또는 대도시 시장에게 사업계획승인을 받아야 한다.

④ 사업계획승인권자는 사업계획승인의 신청을 받았을 때에는 정당한 사유가 없으면 신청받은 날부터 60일 이내에 사업주체에게 승인 여부를 통보하여야 한다.

⑤ 사업계획승인의 조건으로 부과된 사항을 이행함에 따라 공사 착수가 지연되는 경우, 사업계획승인권자는 그 사유가 없어진 날부터 3년의 범위에서 공사의 착수기간을 연장할 수 있다.

86 주택법령상 주택건설사업의 절차 등에 관한 설명으로 틀린 것은?

① 주택건설사업을 시행하려는 자는 해당 주택단지를 공구별로 분할하여 주택을 건설·공급할 수 있다.

② 전체 세대수가 600세대 이상인 주택단지는 공구별로 분할하여 주택을 건설·공급할 수 있다.

③ 사업계획승인권자는 사업주체가 경매·공매 등으로 인하여 대지소유권을 상실한 경우그 사업계획의 승인을 취소하여야 한다.

④ 사업계획승인을 받은 사업주체는 승인받은 사업계획대로 사업을 시행하여야 하고, 그 승인받은 날부터 5년 이내에 공사를 시작하여야 한다.

⑤ 사업계획승인을 받은 사업주체가 공사를 시작하려는 경우에는 국토교통부령으로 정하는 바에 따라 사업계획승인권자에게 신고하여야 한다.

87 주택법령상 사업주체의 주택건설용 토지의 취득에 관한 내용으로 틀린 것은?

① 지방공사가 주택건설사업계획의 승인을 받으려면 해당 주택건설대지의 소유권을 확보하여야 한다.

② 지구단위계획의 결정이 필요한 주택건설사업의 해당 대지면적의 100분의 80 이상을 사용할 수 있는 권원(權原)을 확보하고, 확보하지 못한 대지가 매도청구 대상이 되는 대지에 해당하는 경우 소유권확보 없이 사업계획승인 신청이 가능하다.

③ 사업주체가 주택건설대지의 소유권을 확보하지 못하였으나 그 대지를 사용할 수 있는 권원을 확보한 경우 소유권확보 없이 사업계획승인 신청이 가능하다.

④ 지방자치단체인 사업주체가 국민주택을 건설하기 위한 대지를 조성하는 경우에는 토지 등을 수용 또는 사용할 수 있다.

⑤ 도시개발사업시행자는 체비지의 총면적의 2분의 1의 범위에서 이를 우선적으로 국민주택건설의 사업주체에게 매각할 수 있다.

88 주택법령상 주택건설사업계획의 승인을 받은 사업주체에게 인정되는 매도청구권에 관한 설명으로 틀린 것은?

① 매도청구권은 국민주택규모를 초과하는 주택의 주택건설사업에 대해서도 인정된다.

② 주택건설대지 중 사용권원을 확보하지 못한 대지는 물론 건축물에 대해서도 매도청구권이 인정된다.

③ 주택건설대지면적 중 100분의 95 이상에 대해 사용권원을 확보한 경우에는 사용권원을 확보하지 못한 대지의 모든 소유자에게 매도청구할 수 있다.

④ 사업주체는 매도청구대상 대지의 소유자에게 그 대지를 공시지가로 매도할 것을 청구할 수 있다.

⑤ 매도청구를 하기 위해서는 매도청구 대상 대지의 소유자와 3개월 이상 협의를 하여야 한다.

89 주택법령상 사용검사에 관한 설명으로 옳은 것은?

① 시·도지사가 사용검사를 하는 것이 원칙이다.

② 한국토지주택공사는 사용검사를 받지 아니하고 주택 또는 대지를 사용할 수 있다.

③ 사용검사는 그 신청일부터 30일 이내에 하여야 한다.

④ 사업주체가 파산 등으로 주택건설사업을 계속할 수 없는 경우에는 당해 주택의 시공보증자가 잔여공사를 시공하고 사용검사를 받아야 한다.

⑤ 주택건설사업의 경우 공동주택에 대한 세대별 임시사용승인은 허용되지 않는다.

90 주택법령상 주택의 공급에 관한 설명으로 옳은 것은?

① 한국토지주택공사가 사업주체로서 입주자를 모집하려는 경우에는 시장·군수·구청장의 승인을 받아야 한다.

② 사업주체가 복리시설의 입주자를 모집하려는 경우 시장·군수·구청장의 승인을 받아야 한다.

③ 도시형생활주택에 대해서는 분양가상한제를 적용하지 아니한다.

④ 공공택지에서 공급하는 분양가상한제 적용주택의 경우 분양가격을 공시할 필요가 없다.

⑤ 「관광진흥법」에 따라 지정된 관광특구에서 건설·공급하는 30층 이상의 공동주택은 분양가상한제를 적용하지 아니한다.

91 주택법령상 분양가상한제 적용 지역에 대한 설명으로 틀린 것은?

① 국토교통부장관이 분양가상한제 적용 지역을 지정하는 경우에는 미리 시·도지사의 의견을 들어야 한다.

② 시장·군수·구청장은 사업주체로 하여금 입주자 모집공고 시 해당 지역에서 공급하는 주택이 분양가상한제 적용주택이라는 사실을 공고하게 하여야 한다.

③ 직전월부터 소급하여 12개월간의 아파트 분양가격상승률이 물가상승률의 2배를 초과한 지역에 분양가상한제 적용 지역을 지정할 수 있다.

④ 직전월부터 소급하여 3개월간의 주택매매거래량이 전년동기대비 20퍼센트 이상 증가한 지역에 분양가상한제 적용 지역을 지정할 수 있다.

⑤ 직전월부터 소급하여 주택공급이 있었던 연속 2개월간 해당 지역에서 공급되는 국민주택규모 주택의 월평균 청약경쟁률이 모두 5대 1을 초과한 지역에 분양가상한제 적용 지역을 지정할 수 있다.

92 주택법령상 주택의 전매행위제한을 받는 주택임에도 불구하고 사업주체의 동의를 받아서 전매할 수 있는 경우가 아닌 것은?

① 상속에 따라 취득한 주택으로 세대원 전원이 이전하는 경우

② 세대원 전원이 해외로 이주하거나 1년 이상의 기간 동안 해외에 체류하려는 경우

③ 이혼으로 인하여 주택을 그 배우자에게 이전하는 경우

④ 입주자로 선정된 지위 또는 주택의 일부를 배우자에게 증여하는 경우

⑤ 세대원이 근무 또는 생업상의 사정이나 질병치료·취학·결혼으로 인하여 세대원 전원이 다른 광역시, 특별자치시, 특별자치도, 시 또는 군(광역시의 관할구역에 있는 군은 제외한다)으로 이전하는 경우

93 주택법령상 주택조합인 사업주체는 사업의 대상이 된 주택 및 대지에 대하여는 '일정 기간' 동안 입주예정자의 동의 없이 저당권설정 등을 할 수 없는 바, 이에 관한 설명으로 틀린 것은?

① '일정 기간'이란, 사업계획승인 신청일일 이후부터 입주예정자가 소유권이전등기를 신청할 수 있는 날 이후 60일까지의 기간을 말한다.

② 위 ①에서 '소유권이전등기를 신청할 수 있는 날'이란 사업주체가 입주예정자에게 통보한 입주가능일을 말한다.

③ 사업주체가 저당권설정제한의 부기등기를 하는 경우, 주택건설대지에 대하여는 소유권보존등기와 동시에 하여야 한다.

④ 사업주체가 지방자치단체인 경우에는 부기등기를 하여야 할 의무가 없다.

⑤ 부기등기일 후에 해당 대지 또는 주택을 양수하거나 제한물권을 설정받은 경우 또는 압류·가압류·가처분 등의 목적물로 한 경우에는 그 효력을 무효로 한다.

94 주택법령에 의하여 건설·공급되는 주택을 공급받기 위한 증서 또는 지위는 양도·양수하거나 이를 알선할 수 없다. 이에 해당하지 않는 것은?

① 주택상환사채

② 리모델링주택조합의 조합원으로서 조합주택을 공급받을 수 있는 지위

③ 지역주택조합의 조합원으로서 조합주택을 공급받을 수 있는 지위

④ 입주자저축증서

⑤ 시장·군수·구청장이 발행한 무허가건물확인서 또는 건물철거확인서

95 주택법령상 주택상환사채에 관한 설명으로 옳은 것은?

① 한국토지주택공사는 금융기관 또는 주택도시보증공사의 보증을 받은 때에 한하여 이를 발행할 수 있다.
② 주택상환사채를 발행하려는 자는 기획재정부장관의 승인을 얻어야 한다.
③ 주택상환사채는 무기명증권으로 발행한다.
④ 등록사업자의 등록이 말소된 경우 그가 발행한 주택상환사채는 효력을 상실한다.
⑤ 주택상환사채의 상환기간은 3년을 초과할 수 없다.

96 농지법령상 '농업인'이라 함은 농업에 종사하는 개인으로서 다음에 해당하는 자를 말한다. 틀린 것은?

① 1천m² 이상의 농지에서 농작물 또는 다년생식물을 경작 또는 재배하거나 1년 중 90일 이상 농업에 종사하는 자
② 농업경영을 통한 농산물의 연간 판매액이 100만원 이상인 자
③ 대가축 2두, 중가축 10두, 소가축 100두, 가금 1천수 또는 꿀벌 10군 이상을 사육하는 자
④ 농지에 330m² 이상의 고정식온실·버섯재배사·비닐하우스, 그 밖의 농림축산식품부령으로 정하는 농업생산에 필요한 시설을 설치하여 농작물 또는 다년생식물을 경작 또는 재배하는 자
⑤ 1년 중 120일 이상 축산업에 종사하는 자

97 농지법령상 농지취득자격증명에 관한 설명으로 틀린 것은?

① 지방자치단체가 농지를 소유하는 경우는 농지취득자격증명을 발급받지 않아도 된다.
② 농지전용신고를 한 자가 당해 농지를 소유하는 경우에는 농지취득자격증명을 발급받지 않아도 된다.
③ 농업법인의 합병으로 농지를 취득하는 경우 농지취득자격증명을 발급받지 않아도 된다.
④ 상속으로 농지를 취득하여 소유하는 경우 농지취득 자격증명을 발급받지 않아도 된다.
⑤ 시장·구청장·읍장·면장은 농지취득자격증명의 발급신청이 있는 경우에는 그 신청을 받은 날부터 7일 이내에 발급하여야 하는 것이 원칙이다.

98 농지법령상 농업경영에 이용하지 아니하는 농지의 처분의무에 관한 설명으로 옳은 것은?

① 농지 소유자가 선거에 따른 공직취임으로 휴경하는 경우에는 소유농지를 자기의 농업경영에 이용하지 아니하더라도 농지처분의무가 면제된다.
② 농지 소유 상한을 초과하여 농지를 소유한 것이 판명된 경우에는 소유농지 전부를 처분하여야 한다.
③ 농지처분의무 기간은 처분사유가 발생한 날부터 6개월이다.
④ 농지전용신고를 하고 그 농지를 취득한 자가 질병으로 인하여 취득한 날부터 2년이 초과하도록 그 목적사업에 착수하지 아니한 경우에는 농지처분의무가 면제된다.
⑤ 농지 소유자가 시장·군수 또는 구청장으로부터 농지처분명령을 받은 경우 한국토지주택공사에 그 농지의 매수를 청구할 수 있다.

99 농지의 대리경작 및 임대차에 관한 설명으로 틀린 것은?

① 유휴농지의 대리경작기간은 따로 정하지 아니하면 3년으로 한다.

② 농업경영을 하려는 자에게 농지를 임대하는 경우 서면계약을 원칙으로 한다.

③ 임대농지의 양수인은 「농지법」에 따른 임대인의 지위를 승계한 것으로 본다.

④ 지력의 증진을 위하여 필요한 기간동안 휴경하는 농지에 대하여는 대리 경작자를 지정할 수 없다.

⑤ 농지의 임차인이 농작물의 재배시설로서 고정식온실을 설치한 농지의 임대차 기간은 3년 이상으로 하여야 한다.

100 농지법령상 농지의 위탁경영이 허용되는 사유로서 틀린 것은?

① 「병역법」에 따라 징집 또는 소집된 경우

② 3개월 이상 국외 여행 중인 경우

③ 농업법인이 청산 중인 경우

④ 부상으로 2월 이상의 치료가 필요한 경우

⑤ 교도소·구치소 또는 보호감호시설에 수용 중인 경우

MEMO

정답

1	2	3	4	5	6	7	8	9	10
③	③	①	⑤	③	④	③	①	⑤	③
11	12	13	14	15	16	17	18	19	20
②	⑤	③	①	⑤	⑤	③	④	④	④
21	22	23	24	25	26	27	28	29	30
⑤	④	③	①	⑤	③	③	④	④	④
31	32	33	34	35	36	37	38	39	40
②	③	①	⑤	⑤	④	③	①	②	④
41	42	43	44	45	46	47	48	49	50
②	④	③	④	②	③	④	①	④	③
51	52	53	54	55	56	57	58	59	60
②	①	⑤	②	④	②	④	②	③	③
61	62	63	64	65	66	67	68	69	70
③	④	②	③	⑤	④	④	⑤	③	③
71	72	73	74	75	76	77	78	79	80
③	④	④	⑤	⑤	②	②	⑤	②	②
81	82	83	84	85	86	87	88	89	90
③	⑤	④	⑤	④	③	①	④	④	③
91	92	93	94	95	96	97	98	99	100
⑤	②	③	②	⑤	②	②	①	⑤	④

MEMO

제35회 공인중개사 시험대비 **전면개정판**

2024 박문각 공인중개사
박희용 파이널 패스 100선 2차 부동산공법

초판인쇄 | 2024. 8. 5. **초판발행** | 2024. 8. 10. **편저** | 박희용 편저

발행인 | 박 용 **발행처** | (주)박문각출판 **등록** | 2015년 4월 29일 제2019-000137호

주소 | 06654 서울시 서초구 효령로 283 서경 B/D 4층 **팩스** | (02)584-2927

전화 | 교재 주문 (02)6466-7202, 동영상문의 (02)6466-7201

저자와의
협의하에
인지생략

정가 15,000원
ISBN 979-11-7262-156-8